Das Katzenbuch für Kids

GESCHRIEBEN VON ANDREA BÖTTJER

KOSMOS

INHALT

1. DIE ANGEBETETE SUPERHELDIN

- 06 00 Kitty – Geheimagentin mit Lizenz zum Töten
- 08 Endlich Feierabend
- 10 Geschichte der Katze – Wie die Katze ins Haus kam
- 12 Die Sinne der Katze
- 14 Hören, wo es für Menschen still ist
- 16 Studieren geht über probieren
- 18 Auswahl einer Katze
- 20 Kinderstube und Gesundheit
- 22 Katzenrassen – Rassekatzen
- 24 Eine oder mehrere Katzen?

2. WILLKOMMEN ZU HAUSE!

- 28 Familienanschluss mit Privatsphäre - Wohlfühlen im neuen Heim
- 30 Vom idealen Katzenklo
- 32 Die katzentaugliche Wohnung ist eine sichere Wohnung
- 34 Was dein Stubentiger zum Fressen gern hat
- 36 Absonderliches und Verbotenes - Vom Trinken in der Dusche
- 38 Der Transporter, den sich Katzen wünschen
- 40 Spieglein, Spieglein ... Deine Katze ist die Schönste hier!

DICKE FREUNDE FÜRS LEBEN

3.

- 44 Freundschaft ein Leben lang: Lebensabschnitte der Katze
- 46 Von wegen, Katzen kann man nicht erziehen!
- 48 Vom körperlichen Miteinander – Hallo Kitty!
- 50 Gute Laune – schlechte Laune
- 52 Alarmstufe Rot!
- 54 Missverständnisse mit Mensch und Hund

SPIEL, SPASS UND SPANNUNG

4.

- 58 Mauseglück – Warum und womit die Katze spielt
- 60 Bewegen wie ein Vogel! – Die Beute imitieren
- 62 Mäuschen, sag mal ... Piep!
- 64 Aus die Maus – Keine Lust auf Spiel?
- 66 Wenn dich deine Katze kratzt
- 68 Clickertraining – volle Konzentration
- 70 Kreative Katzen: ein Click für diese gute Idee!
- 72 Ab zum Film! – Shaping bei der Katze

Die angebetete Superheldin

WAS DEINE KATZE AUSMACHT, WOHER SIE KOMMT.

- **06** 00 Kitty – Geheimagentin mit Lizenz zum Töten
- **08** Endlich Feierabend
- **10** Geschichte der Katze – Wie die Katze ins Haus kam
- **12** Die Sinne der Katze
- **14** Hören, wo es für Menschen still ist
- **16** Studieren geht über probieren
- **18** Auswahl einer Katze
- **20** Kinderstube und Gesundheit
- **22** Katzenrassen – Rassekatzen
- **24** Eine oder mehrere Katzen?

WAS DEINE KATZE AUSMACHT, WOHER SIE KOMMT

00 KITTY – GEHEIMAGENTIN MIT LIZENZ ZUM TÖTEN

Keine Katze ist wie die andere – auch wenn alle Katzen natürlich gewisse angeborene Gemeinsamkeiten haben, so wie wir Menschen auch.

Die Katze ist ein warmblütiges Säugetier, ihre Kinder entwickeln sich im Mutterleib, bis sie lebensfähig sind, und werden nach der Geburt zunächst mit Muttermilch ernährt. Katzen sind Landraubtiere. Später fressen sie Fleisch und sind gute Mäusefänger. Bis zu elf Stunden am Tag beobachten sie, schleichen sich an und packen zu, um dann mit der Beute zu spielen. Hauskatzen sind Einzeljäger, aber auch selbst Beutetiere für größere Raubtiere. Sie möchten daher beobachten, aber auch gut geschützt sein und die Kontrolle behalten.

Hauskatzen sind behaart und ganz unterschiedlich in Farbe und Haarlänge. Neben der Hauskatze hat der Mensch nämlich diverse Katzenrassen gezüchtet. Dazu hat er Katzen nach bestimmten Merkmalen ausgewählt und miteinander verpaart, um die Unterschiede weiter hervorzuheben. Auch die Größe einer Katze ist je nach Rasse verschieden.

Der Körper der Katze ist athletisch und muskulös. Die sehr elastische Wirbelsäule besteht aus sieben Halswirbeln, dreizehn Brustwirbeln, sieben Lendenwirbeln, dem Kreuzbein und bis zu 26 Schwanzwirbeln. In Zusammenarbeit mit dem Gleichgewichtssinn kann eine Katze äußerst elegante Bewegungen vollführen. Sie klettert geschickt, springt, fängt und balanciert. Sie beschleunigt und läuft sehr schnell auf kurzer Distanz, springt aus dem Stand mühelos bis auf Höhen, die dem Fünffachen ihrer Körpergröße entsprechen, und kann durch Öffnungen schlüpfen, die nur die Größe ihres Kopfes haben. Die Katze vollführt Leistungen, die denen der besten menschlichen Athleten bei Weitem überlegen sind.

Katzen haben Pfoten, deren Ballen weich und gut gepolstert sind. So können sie sich leise an ihre Beute anschleichen. Weil Katzen stets auf den Zehenspitzen gehen, sind sie besonders wendig – ihnen gelingt so der perfekte Sprung auf das Beutetier. Ihre säbelförmigen Eckzähne und halbrund gekrümmten Krallen sind scharfe Waffen für den Beutefang. Fast alle Katzenarten können ihre Krallen einziehen, sie bleiben dadurch scharf und nutzen nicht ab. Ihre stachelig raue Zunge pflegt das Fell und zerkleinert die Nahrung. Um die Beute aufzuspüren, nutzt die Katze auch ihre ausgeprägten Sinne. Die Pupillen ihrer Augen können sich je nach Tageslichtmenge und Stimmung von runden Öffnungen zu kleinen Schlitzen verengen.

WICHTIGE FEATURES DER KATZE

01 Auge mit schützender Nickhaut
02 Maul mit kräftigem Kiefer und Zähnen
03 Kehlkopf für Lautäußerungen
04 Kinn- und Schläfenbereich mit Drüsen für die Kommunikation über den Geruch
05 Schmaler Brustkorb ohne Schlüsselbeine
06 Einziehbare Krallen: an jeder Zehe eine, Vorderpfoten mit je fünf Zehen, Hinterpfoten mit je vier Zehen
07 Kräftiges Hinterteil und Beine
08 Schwanz mit Ruderfunktion und Stimmungsanzeige
09 Rücken mit biegsamer Wirbelsäule
10 Drehbare Ohren

WAS DEINE KATZE AUSMACHT, WOHER SIE KOMMT

ENDLICH FEIERABEND

Nach „Jagdschluss", sozusagen in der zweiten Tageshälfte, haben alle Katzen noch weitere gemeinsame Verhaltensweisen. Deine Katze schläft, putzt sich, kommuniziert – und ist deine beste Freundin!

Neben dem Jagen ist die andere Lieblingsbeschäftigung deiner Katze das Schlafen, Dösen und Ausruhen – 12 bis 15 Stunden am Tag verbringt sie mit mehr oder weniger fest geschlossenen Augenlidern. Sehr kurze Tiefschlafphasen wechseln sich dabei mit leichterem Schlaf ab. Je sicherer sich deine Katze fühlt, desto ausgestreckter liegt sie dabei. Ist es kalt, rollt sie sich zur Kugel zusammen. Auch die Katze träumt: Dann bewegen sich ihre Augäpfel unter den Lidern und ihr Fell oder die Pfötchen zucken.

Obwohl nicht viel von ihrem Tag übrig bleibt, findet deine Katze noch Zeit für die Fellpflege: Mit rauer Zunge befreit sie ihr Fell von Schmutz, Staub und losen Haaren. Stellen, die sie mit der Zunge nicht erreicht – zum Beispiel das Gesicht –, wäscht sie mit ihren Pfoten, die sie zwischendurch immer wieder ableckt. Beobachte, wie sie immer eine bestimmte Putzreihenfolge einhält! Befreundete Katzen putzen sich auch gern gegenseitig.

PFLEGE MUSS SEIN

Die Katze geht Problemen lieber aus dem Weg und kommuniziert deswegen am liebsten indirekt über Gerüche. Sie gibt dafür Köpfchen und streift mit ihrem Körper an Sozialpartnern entlang, um ihren ganz individuellen Duft an ihnen zu hinterlassen – so riechen die Mitbewohner für sie vertraut. Leben mehrere Katze zusammen, entsteht ein einmaliger Gruppenduft. Durch das Reiben an Gegenständen in ihrer Umgebung macht es sich die Katze auch zu Hause angenehm. Sie fühlt sich umgeben von ihrem Geruch sicher und möchte nur ungern umziehen. Katzen können ihr Revier auch mit Harn markieren. Dieser riecht besonders ausdrucksstark – obwohl die Mieze längst in Sicherheit und verschwunden ist, kann sie jeden möglichen Nachrichtenempfänger wie mit einer Visitenkarte oder Zeitung über sich selbst informieren. Wenn es gar nicht mehr anders geht, faucht und grollt die Katze aber auch ganz direkt. Mit uns Menschen spricht sie darüber hinaus noch über viele Varianten eines MIAU.

Nicht zuletzt ist zu erwähnen, dass Katzen äußerst schlau und feinfühlig sind. Katzen sind ideale Haustiere. Sie passen auf sich auf und zeigen dir, was sie spielen möchten und was nicht. Gleichzeitig sind die meisten Katzen sehr tolerant und nehmen deine Spielangebote gern an. Darüber hinaus erinnert dich deine Katze sogar daran, mit ihr zu spielen oder sie zu füttern, sodass es dir leichter fällt, an ihre Versorgung zu denken.

> Deine Katze ist ein guter Freund, der dir immer zuhört – sie kann dich sogar trösten, wenn du mal traurig bist!

WAS DEINE KATZE AUSMACHT, WOHER SIE KOMMT

GESCHICHTE DER KATZE
WIE DIE KATZE INS HAUS KAM

Anders als der Hund hat sich die Katze selbst an den Menschen angeschlossen. Sie erhielt Nahrung und ein warmes Plätzchen im Austausch dafür, dass sie die Nahrungsvorräte des Menschen vor Mäusen und Ratten beschützte.

Die ersten katzenartigen Säugetiere entstanden bereits nach dem Aussterben der Dinosaurier vor etwa 50 Millionen Jahren. Die erste richtige, auf den Ballen gehende Katze mit Säbelzahngebiss lebte vor etwa 25 Millionen Jahren.
Dann, vor etwa zwölf Millionen Jahren, kamen die Wildkatzen auf den Plan. Als Ahnin unserer heutigen Hauskatzen und letztlich aller vom Menschen gezüchteten Katzenrassen gilt die NUBISCHE FALBKATZE (FELIS SILVESTRIS LYBICA), eine Wildkatzenunterart, die auch heute noch unter anderem in Nordafrika und dem Nahen Osten vorkommt.

Bereits vor ungefähr 9 000 Jahren schlossen sich im Gebiet des heutigen Palästina und Ägypten Wildkatzen freiwillig dem Menschen an, als dieser sesshaft wurde und Ackerbau betrieb. Dort, wo der Mensch Korn erntete, speicherte und verarbeitete, wurden Mäuse und Ratten von den Getreidevorräten angezogen – sie fraßen einen Teil der Ernte und vermehrten sich. Die Wildkatzen fanden bald heraus, dass sich in der Nähe der Menschen gut jagen ließ. Die weniger scheuen unter ihnen trauten sich in die Siedlungen und lebten von den Mäusen. Dies wiederum half den Menschen, ihre Lebensmittel für sich zu behalten. Indem sich die zutraulichsten Katzen untereinander vermehrten, blieben von Generation zu Generation immer zahmere Katzen beim Menschen.

Im alten Ägypten waren Katzen mehr als bloße Gefährten, sie wurden sogar als heilige Tiere verehrt. So war es zum Beispiel bei Todesstrafe verboten, Katzen zu schlachten oder außer Landes zu schaffen. Dennoch gelangten die Vorfahren unserer Hauskatze irgendwann nach Europa, vermutlich mit Schiffen.

Vor ca. 800 Jahren glaubten die Menschen, der Teufel wohne im Körper von Katzen. Sehr viele Katzen wurden daher verfolgt und getötet.

✶✶✶

Die FALBKATZE ist nach ihrem rötlichen bis sandfarbenen Fell benannt. Die besondere Farbe dient ihr als Tarnung in der wüstenartigen Heimat.

✶✶✶

Die Ägypter verehrten eine Göttin namens BASTET. Die ägyptische Gottheit der Fruchtbarkeit, Tochter des Sonnengottes RE, wurde als sitzende Katze oder Frau mit Katzen- oder Löwenkopf dargestellt.

✶✶✶

Die WALDWILDKATZE oder auch EUROPÄISCHE WILDKATZE (FELIS SILVESTRIS SYLVESTRIS) ist keine direkte Vorfahrin der heutigen Hauskatze.

✶✶✶

WILDKATZEN sorgen für sich selbst, sie fressen Mäuse, jagen Ratten und andere kleine Säugetiere. Auch Vögel, Frösche und Eidechsen sowie Insekten können auf ihrem Speiseplan stehen.

✶✶✶

WAS DEINE KATZE AUSMACHT, WOHER SIE KOMMT

SEHEN HÖREN LAUERN

Mit ihren Augen folgt die Katze konzentriert den Bewegungen der Spielzeugbeute.

DIE SINNE DER KATZE

Ganz wie wir Menschen sehen, riechen, schmecken, hören und fühlen auch Katzen. Allerdings sind sie uns darin um einiges voraus. Um uns vorzustellen, wie intensiv eine Katze die Umwelt wahrnimmt, benötigen wir viel Fantasie.

DER GESICHTSSINN – MIT KATZENAUGEN SEHEN

Wie wir Menschen unterscheidet die Katze hell und dunkel, sie sieht jedoch hauptsächlich Blau- und Grüntöne. In der Dämmerung, wenn ihre Beute, die Nagetiere, am aktivsten ist, sieht sie verschiedene Grautöne wunderbar kontrastreich – tagsüber dagegen nicht so detailliert wie wir. Die Katze ist eher weitsichtig und nimmt Bewegungen besonders gut wahr. Sieht sie also eine Maus in zwei bis sechs Metern Entfernung vorbeihuschen, kann sie über blitzschnelle Reflexe rasend schnell zuschlagen. Stellt sich die Maus tot, kann die Katze durch Wackeln mit ihrem Hinterteil kurz vor dem Absprung die Beuteposition neu festmachen.

Oft wird von der fantastischen Jägerin sogar behauptet, sie könne in kompletter Dunkelheit sehen. Wahr ist, dass selbst der kleinste, kaum messbare Lichtschein ausreicht, ein Bild im Kopf der Katze entstehen zu lassen. Dabei helfen die Pupillen, die die Katze bis zu einem Zentimeter Weite öffnen kann, und eine besondere Schicht an der Augenrückwand, die die Lichtstrahlen zurückwirft und verstärkt. Katzen sehen noch in sechsmal weniger Licht als wir – vermutlich sieht für sie das Zwielicht immer noch aus wie für uns der helllichte Tag.

DER TASTSINN – SEHEN MIT SCHNURRHAAREN

Bilder entstehen im Katzengehirn nicht nur über die Augen, auch die Schnurrhaare auf ihrer Oberlippe, über ihren Augen und am Kinn helfen der Katze, ihre Umgebung zu vermessen. Ähnlich funktionierende einzelne Haare besitzt sie sogar über den gesamten Körper verteilt. Die sogenannten Sinushaare sind etwas länger als das durchschnittliche Fell. Besonders gut siehst du sie, wenn du deine Katze gegen das Licht anschaust. Sinus- und Schnurrhaare ermöglichen ihr, sich im Raum zurechtzufinden, ohne dafür die Augen benutzen zu müssen.
Über die Tasthaare nimmt die Katze kleinste Veränderungen der Luftströmung an Hindernissen wahr, was ihr hilft sich im Stockdunkeln und in sehr engen Räumen zu orientieren. Ist genug Platz für den Schnurrbart der Katze, passt sie auch komplett hindurch. Auch ganz nah an der Beute helfen die Tasthaare: Sie leiten die Katze zur korrekten Position für den Tötungsbiss im Nacken des Beutetieres. Sieht eine Katze sehr schlecht oder ist blind, benutzt sie ihre Tasthaare quasi wie einen Blindenstock, indem sie ihren Kopf pendelnd hin und her bewegt.

Augen und Sinneshaare liefern dem Katzengehirn Informationen für ein dreidimensionales Abbild der Umwelt.

WAS DEINE KATZE AUSMACHT, WOHER SIE KOMMT

HÖREN, WO ES FÜR MENSCHEN STILL IST

Katzen hören Mäuse sogar unter der Erde sprechen. Viele Geräusche, die wir völlig normal finden, sind für Katzen daher unerträglich laut. Katzen können Töne im Ultraschallbereich hören, die wir längst nicht mehr wahrnehmen. Schade, dass wir die meisten Mäusegespräche verpassen.

GANZ OHR
Wie Satellitenschüsseln dreht die Katze ihre Ohrmuscheln in Richtung Geräusch.

 INFO

GLEICHGEWICHTSSINN
Fallende Katzen drehen sich aus so ziemlich jeder Position in die Bauchlage und landen auf allen vier Pfoten. Sie benutzen dabei ihren feinen Gleichgewichtssinn im Innenohr und ihren Schwanz wie ein Ruder. Die Fallhöhe sollte nicht zu niedrig sein, damit die Umdrehung gelingt, und nicht zu hoch, da mit zunehmender Fallhöhe auch die Verletzungsgefahr für die Katze steigt.

BEUTE

Besser noch als Hunde hören Katzen Töne bis ca. 60 000 Hertz, also deutlich im Ultraschallbereich ab 20 000 Hertz. Hier bekommen wir Mensch schon längst nichts mehr mit, hören wir doch am besten im Sprachbereich zwischen 400 und 3 000 Hertz. Über die unabhängig voneinander sehr gut beweglichen Ohrmuscheln sammelt die Katze Geräusche aus ihrer Umgebung. Dafür muss sie nicht einmal den Kopf bewegen und kann so aus dem Dösen heraus Hinweise auf Besuch, Fütterungszeit und Beutetiere empfangen. Mit den Informationen aus den Augen entsteht im Katzengehirn ein noch genaueres Bild zum Beispiel vom Aufenthaltsort der Beute.

DER TASTSINN – MIT DEN PFOTEN HÖREN

Am feinsten empfinden Katzen mit ihren sensiblen Pfoten und dem Kopf mit Nase und Lippen. An den berührungs- und vibrationsempfindlichen Pfoten lassen sie sich daher auch nur ungern streicheln. Kälte oder Wärme dagegen kann die Katze schlecht mit den Pfoten unterscheiden. Dafür nutzt sie Nase und Oberlippe und untersucht so Futter und Umgebung.
Schon einen Tag alte Katzenbabys suchen die warme Katzenmutter mit ihrer Nase. Sie bewegen sich zur Wärmequelle hin und vermeiden dabei kalte Oberflächen. Auch der Rest des Katzenkörpers kann, wie die Pfoten, Kälte und Wärme nur schlecht unterscheiden, weshalb sich Katzen manchmal an für uns viel zu heiß erscheinenden Orten aufhalten und auf Heizkörper, Herdplatte oder dem Autodach im Sommer liegen.

Kombiniert eine blinde Katze Tastsinn und Gehör und nimmt Vibrationen, Reibung und leise Geräusche wahr, so kann sie immer noch erfolgreich spielen und jagen, solange sich Spielzeug und Beuteobjekt auf dem Boden befinden. Die Tasthaare helfen ihr im Nahbereich.

Wird eine Katze im Alter taub, werden die von der Beute verursachten Vibrationen mit den Pfoten gehört.

WAS DEINE KATZE AUSMACHT, WOHER SIE KOMMT

WER BIST DU?

Deine Katze möchte deinen Besuch intensiv beschnuppern, um ihn so kennenzulernen. ★★★

STUDIEREN GEHT ÜBER PROBIEREN

Auch Geruchs- und Geschmackssinn deiner Katze sind einfach außerordentlich und höchst erstaunlich.

GERUCHSSINN – BRIEFE VON MIEZI

Gerüche in der Luft sind für die Katze, als schwömme man durch verschieden gefärbte, schmeckende und sich anfühlende Flüssigkeiten mit Informationsgehalt über Gegenwart und Vergangenheit. Alles klar? Nein? Eben – geht auch nicht! Die Katzennase hat nämlich doppelt so viel Fläche an Sinneszellen zur Verfügung wie die menschliche Nase - komplett entfaltet hätte sie ungefähr Taschentuchgröße. Die Katze hat aber nicht ganz so viele Sinneszellen wie der Hund, sie jagt in erster Linie nach Gehör und Gesichtssinn. Ihre Nase benutzt sie hauptsächlich zur Kommunikation mit Artgenossen, Menschen und den übrigen Mit(haus)tieren, deren Geruchsbotschaften sie stets mit der Nase „liest". Dafür kann, aber muss man sich nicht einmal persönlich begegnen. Eine Katze kann riechen, wer sich gerade in einem Raum befindet oder vor einer gewissen Zeit darin war. Auch muss sie nur am Futter vorbeigehen und weiß schon, ob das Menü ihr passt – abschmecken nicht erforderlich.

GESCHMACKSSINN

Über ihre Zunge kann die Katze beim Lecken, Kauen und Trinken schmecken und Temperatur wahrnehmen. Die Zunge dient ihr auch als Kamm, mit dem sie Schichten vom Futter abträgt oder das eigene Fell entklettet. Katzen können keine Zuckerbestandteile schmecken, für Fleischfresser ist es wichtiger, verschiedene Eiweiße in der Nahrung wahrnehmen zu können. Auch Fette können Katzen geschmacklich unterscheiden.

FLEHMEN

Besonders interessante Gerüche wie Babywindeln, Urin von anderen Katzen oder getragene Schuhe kann die Katze in einem besonderen Organ am Gaumendach – dem Jacobsonschen Organ – konzentrierter wahrnehmen. Beim sogenannten Flehmen hält sie inne, streckt den Nacken, öffnet das Maul leicht und kräuselt die Oberlippe, um möglichst viel Geruch einzuziehen. Die im Mund gefangenen Substanzen drückt sie mit der Zunge Richtung Oberkiefer und Rachendach und damit in das Organ, dessen Öffnung hinter den Vorderzähnen liegt. Gleichzeitig schmeckt die Katze – die Wahrnehmung wird noch intensiver.

> Im Alter oder bei Krankheit riecht und schmeckt die Katze oft weniger, ihr Appetit schwindet. Entlocke dem Futter mehr als seinen normalen Geruch, indem du es erwärmst oder füge intensiv riechende Lebensmittel wie Parmesan, Leber oder geräucherten Fisch hinzu.

FLEHMEN
Etwas ganz besonders Spannendes muss mal diesen Gummizug berührt haben.
★ ★ ★

WAS DEINE KATZE AUSMACHT, WOHER SIE KOMMT

AUSWAHL EINER KATZE
FRÜH ÜBT SICH, WAS EINE MENSCHENBEZOGENE KATZE WERDEN WILL

Bei der Entscheidung für ein bestimmtes Tier geben die Liebe auf den ersten Blick, die Farbe oder das Geschlecht einer Katze oft den Ausschlag. Dabei kommt es viel mehr darauf an, wie sich der Stubentiger verhält.

TOP
Das Kätzchen hat gelernt, dass Menschen toll sind und freut sich über Leckerchen.
★★★

Nur bis etwa zur siebten Lebenswoche lernt ein Kätzchen, gefährlich und ungefährlich zu unterscheiden. Eine Katze, die fernab von Menschen versteckt in einer verlassenen Scheune aufwächst, wird scheu und ängstlich gegenüber Menschen bleiben. Erfährt sie aber von mehreren Menschen liebevolle, regelmäßige Kontaktaufnahme, also Streicheln und Spiel, wird sie uns gegenüber aufgeschlossen und sicher. Katzen, die später mit Kindern wie dir in einer Wohnung voller Trubel und elektrischer Geräte wohnen und ab und zu den Tierarzt besuchen sollen, müssen all diese Dinge von klein an kennengelernt haben. Damit deine Katze später mit einer anderen Katze zusammenleben kann, sollte sie bis zur zehnten, besser 16. Lebenswoche von mehreren freundlichen erwachsenen Katzen und Katern erzogen werden.

Du erkennst bereits beim Kätzchen, wie selbstsicher, aktiv und menschenbezogen es ist. Noch deutlicher zeigen sich Unterschiede beim älteren Tier. Nimm dir daher Zeit beim Aussuchen. Setze dich ruhig und geduldig zu den Katzen und beobachte sie zunächst ohne direkten Augenkontakt, denn dieser stellt eine Bedrohung dar. Zur Kontaktaufnahme zwinkerst du einer Katze langsam und wiederholt zu. Wenn dir die Katze glaubt, zwinkert sie zurück.

Katzen, die dir von sich aus HALLO! sagen, sind initiativ freundliche Katzen, sie fordern den Kontakt mit dem Menschen deutlich ein und möchten mit ihm zusammenleben. Es gibt unter ihnen Schmusekatzen und Spielkatzen, Letztere möchten Freigang oder viele Jagdspiele spielen und sind meist Streicheleinheiten gegenüber weniger aufgeschlossen. Zurückhaltend freundliche Katzen dagegen warten auf deine Kontaktaufnahme, sie schätzen zwar Menschenkontakt, fordern jedoch Spiel und Streicheln nicht ein.

Ängstlich scheue Katzen, die sich sofort verstecken oder fauchen, wenn sie dich sehen, solltest du nicht auswählen, sie gehören am besten auf den Bauernhof und sind nicht optimal mit Menschen sozialisiert. Beobachte auch das Verhalten der Katzenmutter – ist sie ablehnend, beeinflusst dies das spätere Verhalten der Kinder auch negativ.

ZWINKER
Dieses Kätzchen ist vom Blinzeln noch nicht ganz überzeugt.
★★★

> **TIPP**
>
> **KOMMT ES AUF DEN KLEINEN UNTERSCHIED AN?**
> Kater sind größer und schwerer als Kätzinnen. Sie möchten ein größeres Territorium haben – unkastrierte Freigängerkater gehen bis zu einem Kilometer weit von zu Hause weg. Kastrierte Kater sind oft schmusiger als Katzendamen.

WAS DEINE KATZE AUSMACHT, WOHER SIE KOMMT

Kinderstube und Gesundheit

Katzen können sehr unterschiedliche Kinderstuben haben. Egal, woher und in welchem Alter deine Katze zu dir kommt, achte auch darauf, dass sie gesund ist.

RASSEKATZE VOM ZÜCHTER

Züchter sollten einem Verband (s. Anhang) angehören, dann ist sichergestellt, dass die Gesundheits- und Impfvorschriften eingehalten werden. Deine Rassekatze hat einen Stammbaum, ihre Vorfahren sind alle bekannt. Beim Züchter lebt dein Katzenkind mit Mama und Papa, Geschwistern und vielen Tanten und Onkeln zusammen und kann von ihnen erzogen werden.

Der Züchter kennt seine Tiere meist sehr gut, er wird dir gern etwas über die Eigenarten der Kätzchen erzählen. Edelkatzen kosten in der Anschaffung mehr als Hauskatzen, die weiteren Kosten sind bei beiden jedoch gleich hoch – alle Katzen benötigen Futter und Einrichtungsgegenstände (siehe nächstes Kapitel) sowie lebenslange medizinische Versorgung und jährliche Vorsorgeuntersuchungen.

LOVE
Die Katzenmutter kümmert sich in den ersten Wochen liebevoll um ihre Kätzchen.
★★★

FRAGEN? Sprich deinen Tierarzt bei allen Fragen oder Sorgen rund um deine Mieze an. ★★★

SECONDHAND-MIEZE

Tiere im Tierheim haben schon einmal den Besitzer gewechselt oder sind hier geboren. Geimpft und entwurmt warten unzählige Katzen, Kater und Katzenkinder auf ein neues Zuhause. Wenn deine Katze in einer gemischten Gruppe lebt, hat sie vermutlich gute soziale Fähigkeiten. Frage im Tierheim nach, wie sie sich mit anderen verträgt und welche Charaktereigenschaften sie hat. Katzen aus Tierschutzorganisationen stellst du am besten vor dem Einzug dem Tierarzt vor.

PRIVATHAUSHALT

Gesundheits- und Gemütszustand der Katzen aus privater Hand können sehr unterschiedlich sein. Vergewissere dich, dass die Kätzchen bereits geimpft, mehrfach entwurmt und flohfrei sind (siehe Seite 41), und bringe deine Katze vorsichtshalber zum Tierarzt, bevor sie bei dir einzieht. Am besten schaust du dir mehrere Haushalte an, bis du schließlich „deine" Katze findest, die gut zu dir passt.

GESUNDHEITSCHECK

Deine Katze ist sehr wahrscheinlich fit und munter, wenn sie ein dichtes glänzendes Fell, klare Augen, saubere Ohren, ein mittleres Gewicht, rosa Zahnfleisch und keine Ablagerungen auf den Zähnen hat.

Krankheitszeichen sind z. B. tränende Augen, ein vorgefallenes drittes Augenlid, triefendes Näschen, Niesen, Husten, struppiges, schlecht aussehendes Fell, eventuell mit kahlen Stellen, Beulen oder blutende Verletzungen in der Haut, deutlich hervorstehende Rippen oder sehr dicker Bauch, Appetitlosigkeit oder Erbrechen, Durchfall, kotverklebter Popo, häufiger Toilettengang, Unsauberkeit (Urin nicht im Klo), lautes Rufen beim Harn- oder Kotabsatz, geschwollene Gelenke, Lahmheit, mangelnde Aktivität, Teilnahmslosigkeit und mangelnde Spielfreude.

WAS DEINE KATZE AUSMACHT, WOHER SIE KOMMT

KATZENRASSEN – RASSEKATZEN

Über 100 Katzenrassen hat der Mensch in den letzten 150 Jahren gezüchtet, indem er Tiere mit besonderen Merkmalen gezielt miteinander verpaarte. Alle Katzenrassen unterscheiden sich somit im Aussehen und Charakter.

Äußerlich kann man die Rassen anhand der Felllänge unterscheiden. Die wichtigste Vertreterin der Kurzhaarrassen ist die EUROPÄISCH KURZHAAR, unsere Hauskatze. Sie kann ein-, zwei- oder dreifarbig sein, Streifen, Flecken oder Punkte haben. Ihr sogenanntes Tabbymuster dient der Tarnung. Sie ist robust mit kräftigem, breitem Körper. Die ABESSINIER hat ein kurzes Fell, mit dem sie am ehesten wie die ägyptische Falbkatze aussieht. Sie ist schlank mit langem Kopf und großen Ohren. Andere Katzen mit kurzem Fell sind die KARTÄUSER, deren Fell dicht und graublau ist, sowie die ursprünglich aus Thailand kommende SIAM. Diese Orientalin mit kurzem, weichem Fell und schlankem Körper ist cremefarben oder bläulich, hat blaue Augen und eine dunkle Gesichtsmaske.

Zu den Halblanghaarrassen gehört die BIRMAKATZE – eine Siam in langem Fell, die SOMALI – eine langhaarige Abessinier, die großen und kräftigen MAINE COON aus Nordamerika sowie die RAGOLL. Eine typische alte Langhaarrasse ist die PERSER, eine eher kleinere Katze. Sie hat ein langes, pflegeintensives Fell und ein unterschiedlich stark abgeflachtes Gesicht.

MAINE COON die sanftmütigen Riesen aus Nordamerika.

PERSER
Auch die grundsätzlich ruhigeren Perserkatzen jagen gern.
★★★

Manche Katzenrassen sehen zwar interessant aus, wie die SCOTTISH FOLD mit ihren umgeklappten Ohren, oder die kurzbeinige MUNCHKIN. Leider gehen solche Besonderheiten oft mit gesundheitlichen Problemen einher. Führt ein bestimmtes Aussehen zu Krankheit, ist das jedoch nicht mehr lustig.

Rückkreuzungen mit Wildkatzenarten wie bei den Rassen SAVANNAH und BENGAL sind hübsch anzusehen. Für das Zusammenleben mit dem Menschen sind Katzen dieser Rassen oftmals jedoch nur bedingt geeignet, da sie dazu neigen, sich genau wie ihre ungezähmten Vorfahren zu verhalten. Sie können zum Beispiel intensiveres Harnmarkieren zeigen oder sich schlechter an den Umgang mit dem Menschen gewöhnen lassen.

INNERE WERTE

Wissenschaftler fanden heraus, dass Siamkatzen menschenbezogener sind als Hauskatzen und diese wiederum als Perserkatzen. Siamkatzen spielen auch mehr als Perserkatzen und sprechen häufiger und lauter als Haus- und Perserkatzen. Perser sind eher zurückhaltend und ruhig. Die Erfahrung zeigt, dass auch Orientalisch Kurz- und Langhaar oder Maine Coon viel reden, Kartäuser oder BRITISCH KURZHAAR dagegen weniger. BALINESEN und HAVANNA schmusen gern, und Siam, BIRMA und Kartäuser gelten als sehr anhänglich, wobei die Kartäuser eher ruhig ist, Siam und Birma sind eher lebhaft. Die freundliche Ragdoll lässt sich gern anfassen und lässt sich wie eine Puppe herumtragen.

Prinzipiell sind Tiere einer ruhigen Rasse, wie Perser oder Kartäuser, in der Wohnung zufriedener als z. B. die kraftvolle, sanfte Maine Coon, die aktiven Siam und Somali, die kletter- und jagdfreudigen, intelligenten Abessinier und Hauskatzen. Letztlich zählt aber immer das Individuum, auch eine Perserkatze kann individuell sehr agil sein und freut sich immer auch über ein Jagdspiel mit dir!

ABY
Diese Abessinierkatze befindet sich auf dem Streifzug durch ihr Revier.
★★★

WAS DEINE KATZE AUSMACHT, WOHER SIE KOMMT

ZOFF?
Schon kleine Katerchen raufen mehr, als es der Schwester lieb ist.
★ ★ ★

EINE ODER MEHRERE KATZEN

Du hast schon eine Katze? Dann wäre es eine Überlegung wert, eine zweite passende Katze anzuschaffen. Obwohl sich Katzen dem Menschen gern anschließen, können wir ihnen den Artgenossen dennoch nicht ganz ersetzen.

🐱 Zwei Katzen können sich gut miteinander beschäftigen und sie sind dann nicht allein, auch wenn ihr ab und zu mal nicht zu Hause seid. Prüfe aber vorher genau, ob deine Katze nicht vielleicht sogar ganz zufrieden ist, bevor du ihr einen Störenfried vor die Nase setzt. Manche Katzen, die schon älter sind oder lange zufrieden allein gelebt haben, möchten doch gern weiter die einzige Katze im Haushalt sein. Sie würden sich von einem weiteren Katzentier nur bedrängt fühlen.

GLEICH ZU GLEICH GESELLT SICH GERN!

Generell gilt bei der Katze, dass sich möglichst ähnliche Tiere am besten verstehen. Man nimmt am besten zwei gleichgeschlechtliche, gleich alte Tiere, damit beide eine ähnlich große Selbstsicherheit haben. Gibt es also ein gleichgeschlechtliches Geschwisterchen – prima! Natürlich gibt es wie bei jeder Regel auch immer die berühmte Ausnahme; in der Regel sind Kater selbstsicherer und raufen gern miteinander, während Kätzinnen lieber mit Objekten spielen. Schon ab der 10. Lebenswoche kann man diese Unterschiede zwischen weiblichen und männlichen Katzen sehen. Auch die Aktivität sollte ähnlich sein: Eine Spielkatze harmoniert weniger mit einer Streichelkatze.

MEHRKATZENHAUSHALT

Ab der dritten Katze beginnt die Mehrkatzenhaltung. Da sich in Katzengruppen immer Paare mit ähnlichem Sozial- und Spielverhalten herausbilden, sollte der Schritt zur dritten Katze sorgsam überlegt werden, wenn eine harmonische Doppelhaltung vorliegt.

TRAUER BEI KATZEN

Verliert deine Katze einen Katzenkumpel, weil dieser stirbt, darf sie mindestens drei Wochen lang trauern. Blüht deine Katze nach bis zu sechs Wochen auf, möchte sie eventuell lieber weiter allein leben.

NACH LANGER EINSAMKEIT …

Im Fall der Einzelkatzen-Omi können besser zwei zueinanderpassende Jungkatzen zusätzlich aufgenommen werden, wenn unbedingt Nachwuchs kommen soll. Dieser beschäftigt sich dann bevorzugt miteinander.

FREUNDE !!!

TIPP

Sollen Kater und Kätzin zusammenleben, sollten Erstere schon mit vier bis fünf Monaten kastriert werden, um den Hormoneinfluss in der Pubertät zu umgehen.

Willkommen zu Hause

WAS DU VORBEREITEN KANNST, DAMIT SICH DIE NEUE MITBEWOHNERIN WOHLFÜHLT.

- **28** Familienanschluss mit Privatsphäre – Wohlfühlen im neuen Heim
- **30** Vom idealen Katzenklo
- **32** Die katzentaugliche Wohnung ist eine sichere Wohnung
- **34** Was dein Stubentiger zum Fressen gern hat
- **36** Absonderliches und Verbotenes – Vom Trinken in der Dusche
- **38** Der Transporter, den sich Katzen wünschen
- **40** Spieglein, Spieglein ... Deine Katze ist die schönste hier!

WILLKOMMEN ZU HAUSE!

FAMILIENANSCHLUSS MIT PRIVATSPHÄRE
WOHLFÜHLEN IM NEUEN HEIM

Damit deine Katze ihr neues Zuhause liebt, muss sie sich in Haus oder Wohnung sicher fühlen können. Sie möchte weit weg von möglichen Feinden ruhen und dabei gleichzeitig den Überblick behalten können. Zudem hat sie auch noch ein paar andere Grundbedürfnisse.

Katzen klettern gern auf Aussichtsplätze hinauf, wo sie sich in Verstecken unsichtbar machen und dennoch alles Mögliche beobachten können. Du brauchst also deckenhohe Klettergelegenheiten, die deiner Katze auch den Zugang zur Raumhöhe erschließen. Regalbretter mit rutschfester Teppichoberfläche lassen sich in unterschiedlichen Höhen mit Kratzbaumstämmen verbinden – oder du erlaubst deiner Katze, eure Schränke und Regale mitzubenutzen. Deiner Fantasie sind keine Grenzen gesetzt.

MEHR IST EINFACH MEHR
Darüber hinaus möchte deine Katze mehrere über die Wohnung verteilte Futterstellen, Wasserquellen, Katzentoiletten und Liegeplätze zur Auswahl haben. Ruheplätze mit einem Sichtschutz zum Sich-unsichtbar-Machen sollten sich in allen Höhen des Raums befinden. So kann deine Katze jederzeit selbst entscheiden, ob sie eher Privatsphäre benötigt oder lieber gesellig sein möchte.

VERSTECK
Deine Katze freut sich über viele tolle Versteckmöglichkeiten.
★★★

FETZEN GEGEN FRUST

Das Kratzmarkieren ist normales Katzenverhalten und dient der Kommunikation. Je nach Vorliebe kratzt deine Katze waage- oder senkrecht neben Schlaf- und Futterplätzen, wo es gut sichtbar ist (im Wohnzimmer nahe den Möbeln) und an Stellen, wo sie Frustration und Aufregung erlebt (Katzenklappe, Aussichtsfenster, Garten). Biete ihr dort für ihre kunstvollen Installationen geeignete Materialien an, die richtig gut fetzen, z. B. Stoffe, Naturstämme mit Rinde, Sisal, Kork oder Pappe. Deiner Katze ist außerdem angeboren, nach beweglichen Beutetieren und deren Geräuschen zu suchen, damit sie Jagdverhalten ausüben kann. Für deine Wohnungskatze ahmst du die Beute nach.

Katzen mögen ungern Veränderungen, daher sollte für deinen Tiger nachvollziehbar und verlässlich sein, wer sich wann und wie um ihn kümmert. Trotz des großen Sicherheitsbedürfnisses möchte deine Wohnungskatze gern immer wieder Neues entdecken. Bringe ihr ab und zu etwas von deinen Ausflügen von draußen mit: z. B. Kräuter, Blätter, Stöckchen, Steine ...

TIPP

Ein einzelner Kratzbaum kann nicht unbedingt gleichzeitig die Bedürfnisse nach Ruheplätzen, Raumhöhe und Gelegenheit zum Kratzmarkieren befriedigen. Mache deiner Katze mehrere separate Angebote.

🏠 WILLKOMMEN ZU HAUSE!

MEIN KLO AUS SAND

Katzen mit Freigang scheiden gern dort aus, wo der Sand am weichsten ist.

★★★

VOM IDEALEN KATZENKLO

Katzen sind als sehr reinliche Tiere bekannt, die gern und von selbst ihr Katzenklo benutzen. Allerdings haben sie auch spezielle Wünsche an ihre Ausscheidungsorte.

 Jede Katze braucht mindestens zwei Klos, auch wenn sie Freigängerin ist. Katzen scheiden nämlich Kot und Urin an unterschiedlichen Stellen aus und teilen in der Natur keine Toiletten. Hast du mehr als eine einzelne Katze, nimmst du so viele Klos, wie du Katzen hast, und stellst noch eines zusätzlich zur Verfügung. Alle Klos sollten an unterschiedlichen Orten stehen, zwei direkt nebeneinanderstehende Toiletten zählen für die Katze nämlich nur als eine Ausscheidungsstelle.

Am besten nimmst du eine Wanne oder eine sehr große Aufbewahrungsbox aus dem Baumarkt als Klo, deren Durchmesser mindestens eineinhalb (erwachsene) Katzenlängen groß ist. Katzen lieben und benötigen große Klos, und handelsübliche Katzentoiletten reichen einfach nicht aus.

Katzen mögen außerdem gern unter freiem Himmel ausscheiden. In einem Klo mit Dach hält sich nämlich wie in einem Mietklo-Häuschen der Geruch lange und intensiv – und ist für deine Katze höchst unangenehm. Damit sie dennoch nicht alle Streu herausscharrt, kannst du eine Box mit höherem Rand auswählen. Kaufe deiner Katze feine, geruchsbindende Klumpstreu ohne Parfum, dann fühlt sie sich, als grabe sie im Wüstensand. Wenn du die Streu jetzt noch mindestens sieben Zentimeter tief aufschüttest, ist auch für ausreichende Tiefe gesorgt.

Du solltest die Urinklumpen möglichst mehrfach täglich entfernen und den Kot so schnell es geht, da Katzen ungern erneut ein einmal benutztes Katzenklo aufsuchen – wie wir Menschen im Grunde auch. Nur dass Katzenklos noch nicht einmal eine Spülung haben.

TIPP

Auch wenn deine Katze Freigang hat, kann sie auf Katzentoiletten im Haus nicht verzichten. Es fällt ihr dann auch leichter, sich umzugewöhnen, falls sie wegen Krankheit oder Urlaub einmal nicht nach draußen darf.

SAUBER? SCHÖÖÖÖN! SCHARREN

Die katzentaugliche Wohnung ist eine sichere Wohnung

Ähnlich wie bei kleinen Geschwisterchen müssen alle Familienmitglieder aufpassen, dass in der Wohnung keine Gefahren auf dein Kätzchen lauern. Zerbrechliches solltest du von Fensterbänken und Regalen verbannen – deine Katze könnte es eventuell hinunterwerfen.

🏠 Balkone und Fenster sicherst du am besten mit Fliegengitter, Hasendraht oder einem Katzennetz. Fenster dürfen nicht ungesichert gekippt werden, denn sonst könnte deine Katze in den Spalt rutschen, festklemmen und sich dabei schwer verletzen. Im Handel gibt es Schutzvorrichtungen, die ein Einklemmen bei gekippten Fenstern verhindern. Sämtliche Klettereinrichtungen müssen fest verankert werden, damit sie nicht umkippen. Auch Türen sollten so befestigt werden, dass sie bei Zugluft nicht zuschlagen und deine Katze oder deren Schwanz einklemmen können.

Heiße Herdplatten und brennende Kerzen sind nichts für Katzenpfoten oder -nasen. Eine noch heiße Herdplatte kannst du mit einem Topf voll kaltem Wasser sichern. Auch Wasser kann gefährlich sein, wenn die Katze auf dem Badewannenrand balanciert und abrutscht oder in die Toilettenschüssel fällt. Deshalb: lieber Deckel oder Tür zu, wenn niemand aufpasst.

Waschmaschine und Trockner sollten stets geschlossen sein. Genauso können Schubladen und Schränke deiner Katze als Verstecke dienen. Kontrolliere diese immer gut, bevor du sie wieder zumachst. Auch in Plastiktüten schlüpfen Katzen gern einmal, lass diese wegen der Erstickungsgefahr nicht herumliegen.

Prüfe eure Zimmerpflanzen darauf, ob sie für deine Katze giftig sind. Links zu Giftpflanzen findest du im Service. Medikamente sollten nicht frei herumliegen und auch Putzmittel, Cremes oder Chemikalien, die aus Versehen ans Fell deiner Katze gelangen, werden von ihr abgeleckt und so für sie gefährlich. Herumliegende fadenförmige Alltagsgegenstände wie die Nähnadel mit Faden oder das Lametta am Weihnachtsbaum können deine Katze innerlich verletzen, wenn sie diese frisst. Durch die Widerhaken an ihrer Zunge kann sie sie nur schwer wieder ausspucken, selbst wenn sie wollte.

WILLKOMMEN ZU HAUSE!

WAS DEIN STUBENTIGER ZUM FRESSEN GERN HAT

Die Ernährung deiner Katze hat auch immer etwas mit Jagen zu tun, denn Fressen und Nahrungserwerb sind beim Raubtier Katze zwangsläufig miteinander verbunden.

DENK!

Mit Kopf oder Pfoten rollt deine Katze das Pipolino und Futter fällt heraus.

★★★

TOP

Dieses Fummelbrett Marke Eigenbau gefällt dir und deiner Katze bestimmt!

★★★

🏠 Katzen sind Fleischfresser, ihre ideale Nahrung ist daher ungefähr so zusammengesetzt wie ein kleines Nagetier. Echte Mäuse sind sehr wasserhaltig und somit ein richtiges Naturfeuchtfutter. Hat deine Katze Zugang nach draußen, kann sie sich ein Zubrot verdienen!

Du selbst kannst deiner Katze am besten eine Kombination aus Trocken- und Feuchtfutter anbieten. Feuchtes Dosenfutter hat am ehesten den Wassergehalt einer echten Beute und ist daher eine gute Flüssigkeitsquelle. Jede Katze sollte ihren eigenen Napf bekommen, und zwar mit Abstand zum Napf anderer Katzen, damit jedes Tier in Ruhe fressen kann. Da Katzen ihr Futter gern wie eine echte Beute verschleppen, ist es ratsam, den Fütterungsplatz mit einer großen Matte zu unterlegen, da sich diese besser sauber halten lässt. Manche Katzen haben auch Verstecke für das Feuchtfutter, die man erst suchen muss. Schau mal im Rascheltunnel nach… Trockenfutter hat die Form harter Kroketten, sie sind haltbarer und du kannst sie vielfältiger einsetzen. Biete deiner Katze am besten in jedem Raum ein Futterangelgerät an. Aus den sogenannten Activity Feedern können sich Katzen den ganzen Tag über kleine Futterstückchen erarbeiten. Das entspricht ihrer Natur, denn eine Portion Futter hat für sie ungefähr die Größe einer Maus, und so fängt sie den Tag über mehrere solcher kleiner Portionen, um satt zu werden.

BEISPIELE FÜR ACTIVITY FEEDER
★ Pipolino Futterrolle
★ Trixie Cat Activity Fun Board
★ Cat it senses Spielschiene und Fummelbaum
★ Aikiou Stimulo
★ Karlie Flamingo Northmate Green Mini oder Catch
★ Trixie Fantasy Board
★ Trixie Cat Activity Brain Mover

SELBSTMACHEN
★ Fummelbretter bauen nach WWW.KATZENFUMMELBRETT.CH und selbst Fotos einsenden!
★ Trockenfutter kann geworfen und erlegt werden.
★ Leere kleine Plastiktrinkflaschen können mit Löchern versehen und mit Trockenfutter gefüllt werden, Futter fällt beim Rollen der Flasche heraus.
★ Futterschüsseln können in der Wohnung versteckt werden.
★ Einen Karton mit zerknüllter Zeitung und kleinen Spielzeugen füllen, kleine Trockenfutterstücke darin zum Erstöbern verstecken.

TIPP
Gewöhne deine Katze von klein auf an verschiedene Futtersorten, sie wird dann weniger wählerisch und ist auch als erwachsene Katze offener gegenüber einem neuen Geschmack.

LEGO!
Aus deinem alten Spielzeug kannst du immer neue Fummelbretter bauen.
★★★

⌂ WILLKOMMEN ZU HAUSE!

ABSONDERLICHES UND VERBOTENES

VOM TRINKEN IN DER DUSCHE

Neben dem Fleisch als Hauptnahrungsquelle benötigt deine Katze etwas zu trinken und ein paar pflanzliche Beilagen zum Glücklichsein. Manches darf sie auch gar nicht fressen.

🏠 Da die Hauskatze wie ihre Vorfahrin, die Falbkatze, gut an eine trockene Umwelt angepasst ist, sucht sie gern Wasserquellen fernab vom Futter. Du kannst daher deine Katze an den seltsamsten Orten beim Trinken entdecken, zum Beispiel am Wasserhahn, in der Dusche, ja sogar in der Toilette oder im Töpfchen deines kleinen Geschwisterchens. Sie macht das, da sie ihre Schnurrhaare nicht gern ins Wasser tunkt und in größeren Wasserschüsseln den Wasserspiegel besser einschätzen kann, zudem hat sich lustig bewegendes Wasser einen gewissen Reiz für sie.

Biete deiner Katze an mehreren Stellen in der Wohnung und vom Fressplatz entfernt tiefere Schüsseln mit mindestens 12 Zentimetern Durchmesser oder kleinere Zimmerbrunnen an. Du kannst ihr auch einen kleinen Teich anlegen, indem du die Schüsseln mit Wasserlinsen bepflanzt. Besonders wenn deine Katze viel Trockenfutter frisst, sollte sie so zu ausreichender Wasseraufnahme angeregt werden. Wenn du dabei bist, kannst du auch mal den Wasserhahn ein wenig tropfen lassen und deine Katze erfreuen. Trinkt sie nämlich nicht genug neben dem Fressen, so kann dies Krankheiten wie Harngrieß oder -steine begünstigen.

VEGETARISCHE BEILAGE

Grasfressen gehört bei der Katze zum Normalverhalten, es hilft ihr dabei, Haarballen, die bei der Fellpflege entstanden sind, wieder herauszuwürgen. Es ist normal, wenn deine Katze etwa drei- bis fünfmal im Jahr Haarballen erbricht. Das sogenannte Katzengras gibt es als pflanzfertige Vormischungen, du kannst aber auch Getreidekörner und Vogelfutter für Wellensittiche aussäen. Freigängerkatzen finden ihr Gras in der Regel draußen.

VERBOTENES

Diese menschlichen Nahrungsmittel sind für Katzen gefährlich und damit absolut tabu:

★ Knochen, rohes Geflügel- oder Schweinefleisch (z. B. Schinken), rohe Eier
★ Zwiebel, Knoblauch, Schnittlauch
★ Süßigkeiten, Schokolade
★ Milch (außer laktosefreier Milch)
★ Weintrauben und Rosinen
★ Avocado

WILLKOMMEN ZU HAUSE!

DER TRANSPORTER, DEN SICH KATZEN WÜNSCHEN

Schon für den ersten Tierarztbesuch, also bevor deine Katze bei dir einzieht, besorgt ihr euch eine Transportbox, die man von oben öffnen kann, deren Oberteil man am besten komplett und leichtgängig abnehmen kann.

Dein Kätzchen möchte zu jedem Ausflug mit einer dicken Decke im Transporter reisen, damit es schön kuschelig ist. Sie möchte ihr Lieblingsspielzeug und am besten noch ein getragenes Kleidungsstück von dir zum Reinkuscheln dabeihaben. Nimm dir auch Leckerchen mit. Diese kannst du deiner Katze jederzeit geben, damit sie die Reise so angenehm wie möglich empfindet. Ist dein Kätzchen noch sehr klein, so ist eine Katzenpaste vorzuziehen, von der du ihr während des gesamten Ausflugs immer wieder etwas gibst. Über den Transporter legst du schließlich noch eine blickdichte Decke, damit deine Katze unterwegs nicht alle Autos, Hunde und ähnliche angstmachenden Dinge sehen muss. Dieselben Regeln gelten natürlich auch, wenn eine erwachsene Katze bei dir einzieht.

Zu Hause angekommen, solltest du die Box im Wohnraum aufstellen und dort belassen, damit sie zum Lieblingsplatz deiner Katze werden kann, an dem sie sich jederzeit sicher fühlt. Gib deiner Katze in der Box Leckerchen, stelle auch mal ihr Futter hinein – sobald sie die Box als Schlafplatz benutzt, hat sie sie liebgewonnen! Jetzt kannst du deiner Katze beibringen, dass es schön ist, zunächst kurz, dann immer länger umhergetragen zu werden – bis sie Reisen völlig normal findet.

Wichtig ist, dass du immer Leckerchen gibst, um eine gute Stimmung zu erzeugen. Diesen Vorgang nennt man klassische Konditionierung. Du kennst den Effekt bereits vom Geräusch des Dosenöffnens. Schon nach einigen Fütterungen kommt deine Katze in die Küche gelaufen, wenn sie nur Dosenknacken oder Tütenknistern hört. Sie weiß durch die guten Erfahrungen mit dem Futter, dass das Geräusch etwas Schönes bedeutet. So machen wir ihr auch das Reisen angenehm.

SICHER REISEN

Weidenkörbe sehen zwar toll aus, sind für den Tierarztbesuch aber völlig ungeeignet.

WILLKOMMEN ZU HAUSE!

SPIEGLEIN, SPIEGLEIN ...
DEINE KATZE IST DIE SCHÖNSTE HIER!

Regelmäßige Fellpflege steht besonders bei Halblang- und Langhaarkatzen auf dem Stundenplan, denn ohne dein tägliches Bürsten verfilzt ihr Fell und die Haut kann sich entzünden. Aber auch Kurzhaarkatzen freuen sich über deine Unterstützung beim Fellwechsel, damit sie nicht alle Haare hinunterschlucken müssen.

BÜRSTEN, DIE SPASS MACHEN

Es gibt viele verschiedene Bürsten, sie alle machen deiner Katze unterschiedlichen Spaß. Am entspanntesten ist wohl eine Massagebürste (z. B. Zoom Groom). Mit sanftem Druck kannst du deine Katze mit dem Strich von vorn bis hinten verwöhnen – fast wie im Wellness-Urlaub. Je nach Miezis Körpersprache kannst du die Sitzung ausdehnen. Wenn sie dir ihr Köpfchen entgegenstreckt, auch gern an Kinn, Hals und Kopf herum gebürstet werden möchte, solltest du ihr den Gefallen tun.

STEIGERUNG VON SPITZENMÄSSIG!

Damit deine Katze beim Wellness noch länger mitmacht, fütterst du sie während des Kämmens. Am besten hilft dir am Anfang eine zweite Person, die zum Beispiel regelmäßig eine Krokette nach der anderen gibt. Deine Katze ist so immer mit Fressen beschäftigt, während du sie bürstest, und hat eine gute Stimmung. Sieht sie das nächste Mal die Bürste, wird sie sich schon auf die Massage freuen.

EIN GUTES ENDE FINDEN

Mach Schluss, noch bevor deine Katze die Lust verliert. Du wirst so von Mal zu Mal länger kämmen dürfen. Schlägt ihr Schwanz oder ist der ganze Körper kurz erstarrt, ist für dieses Mal definitiv genug. Mach dir ein Kreuz in den Kalender, damit du dich erinnerst, wann wieder Pflegezeit ist.

WOMIT MAN NOCH SO KÄMMEN KANN

Drahtbürsten entfernen mehr Fell, werden aber nicht so gut akzeptiert. Der Furminator entfernt am meisten Fell, es besteht sogar die Gefahr, dass du dein Tier zu nackig machst. Mit dem Flohkamm kannst du herausfinden, ob du kleine schwarze Krümel im Fell deiner Katze findest. Dieser Flohkot ist das verdaute Blut deiner Katze und ein sicheres Zeichen dafür, dass sie Flöhe hat. Du solltest alle Tiere im Haushalt gleichzeitig gegen Flöhe behandeln.

MIAU !!!

ZOOM GROOM!
Die meisten Katzen mögen den Zoom Groom, der loses Fell sanft entfernt.
★★★

PFLEGE GENIESSEN

DICKE Freunde fürs Leben

44 Freundschaft ein Leben lang: Lebensabschnitte der Katze   **46** Von wegen, Katzen kann man nicht erziehen!   **48** Vom körperlichen Miteinander – Hallo Kitty!   **50** Gute Laune – schlechte Laune   **52** Alarmstufe Rot!   **54** Missverständnisse mit Mensch und Hund

♥ DICKE FREUNDE FÜRS LEBEN

FREUNDSCHAFT EIN LEBEN LANG
LEBENSABSCHNITTE DER KATZE

Als treue Gefährtin ist dir deine Katze ihr ganzes Leben lang sehr verbunden. Da sie gut und gern 20 Jahre alt werden kann, wird sie mit dir als Familienmitglied auch einen großen Teil deines eigenen Lebens verbringen.

💙 Kleine Kätzchen kommen blind, taub und wenig beweglich auf die Welt. Mit drei Wochen bekommen sie schon die ersten Milchzähnchen und lernen, das Klo zu benutzen. Das Mäusefangen ist ihnen angeboren, den geschickten Umgang mit dem Beutetier lernen sie jedoch erst von ihrer Mutter. Ab der sechsten Lebenswoche weiß eine Katze dann, wie ihr späteres Futter schmeckt, am Ende der siebten Lebenswoche, wovor sie Angst haben muss und wovor nicht. Mithilfe ihrer Verwandten wird sie bis zum Alter von vier Monaten zu einer sozial sicheren Katze erzogen.

Wenn die Katze ungefähr ein halbes Jahr alt ist, wird sie rollig. Sie kann sich dann bis zu drei Mal im Jahr mit Katern paaren und nach 65 Tagen zwei bis sechs Junge zur Welt bringen. Hochgerechnet auf das Jahr kann eine Katze bis zu 18 Kinder und bis zu Hunderte Kindeskinder hervorbringen, die alle gern ein schönes Zuhause hätten! Lass daher deine Katze kastrieren. Vorher sollte sie nicht draußen herumstreifen oder mit unkastrierten Katern zusammen sein. Durch die Kastration markiert sie ihre Umgebung auch weniger mit ihrem Urin.

Deine Katze wird je nach Rasse mit etwa drei bis vier Jahren erwachsen. Mit ungefähr sieben Jahren wird sie langsam älter. Richtig alt wird sie ab circa 13 Jahren – als Seniorin wird sie körperlich und geistig unbeweglicher, im Prinzip wie ein alternder Mensch. Du kannst dir vorstellen, dass du mit einer Katzenomi oder einem Katzenopi zusammenwohnst, auf die man mehr Rücksicht nehmen muss. Deine Katze wird zunehmend kälteempfindlicher und schwächer, eventuell fällt ihr das Springen schwerer. Noch mehr als früher freut sie sich jetzt über warme, weiche, gut erreichbare Plätze – vielleicht baust du eine Rampe zu ihrem alten Lieblingsplatz. Manche Katzen werden auch ängstlicher oder schusselig und rufen nachts nach dir.

Wenn es an der Zeit ist, von deiner Katze Abschied zu nehmen, damit sie für immer einschlafen kann, wird dir deine Freundin fehlen, und ihr Verlust schmerzt sehr. Vielleicht tröstet dich dann der Gedanke ein wenig, dass deine Katze zusammen mit dir durch die Vielzahl an ausgedachten erlegten Mäusen in allen Lebensphasen sehr viel Freude hatte.

TIPP

Wie alte Menschen benötigen auch alte Katzen regelmäßige Hilfe von ihrem Haustierarzt. Weil sie aber in der Natur darauf angewiesen sind, dass man ihnen keine Schwäche ansieht, zeigen sie oftmals keinen deutlichen Schmerz oder Unwohlsein.

♥ DICKE FREUNDE FÜRS LEBEN

VON WEGEN, KATZEN KANN MAN NICHT ERZIEHEN!

Kommt deine Katze erstmals zu dir nach Hause, ist für sie alles fremd und ungewohnt. Mit ein paar kleinen Tricks kannst du ihr helfen, sich schneller einzugewöhnen. Übrigens kannst du so auch kleinen und größeren Katzen helfen, mit dir zusammen in ein neues Heim zu ziehen.

FLOP
Zeig ihr, wenn du etwas nicht magst. Pflücke sie vom Bein und beende sofort das Spiel.
★★★

TOP
Biete ihr Alternativen und spiele mit ihr. Dann werdet ihr schnell Freunde.
★★★

💙 Das Prinzip der klassischen Konditionierung hast du ja schon beim Transporter kennengelernt. Es lässt sich auf alles Mögliche, was deine Katze als ungefährlich und angenehm kennenlernen soll ausdehnen: Ihr neues Zuhause, ihren neuen Liegekorb, den Kratzbaum, aber auch deinen neuen Freund oder Freundin, deine Lieblingsmusik, länger gestreichelt werden als vorher usw. So wie du deiner Katze zur Vorbereitung auf den Tierarzt Leckerchen gibst, z. B. während du ihr Mäulchen ansiehst, ihr die Krallen kürzt, Tabletten gibst, lernt deine Katze auch spielerisch, dass ihr neues Zuhause toll ist.

ANFASSEN SCHMECKT TOLL!

Sich anfassen lassen ist die Grundlage für so allerlei! Trainiere daher jedes Körperteil einzeln und wiederholt. Fange immer langsam und bei den Körperteilen an, die deiner Katze am leichtesten fallen und belohne deine Katze für jeden Teilschritt im Training: Du näherst deine Hand ihrem Bein (nicht der Pfote, an der es sie leicht kitzelt) an und gibst ihr währenddessen Leckerchen. Nach ein paar Wiederholungen berührst du mehrfach am besten mit der Handrückenseite das Bein und belohnst dabei. Findet deine Katze die Berührung toll, kannst du vorsichtig das Bein umfassen und sie füttern, danach übst du etwas mehr Druck aus und fütterst, bis du schließlich das Bein längere Zeit halten kannst – deiner Katze schmeckt es! Du kannst auf diese Weise auch ein scheues Kätzchen zähmen und ihm beibringen, dass Kuscheln toll ist oder es sich überhaupt anfassen lässt.

... EINZIEHEN AUCH!

Deine Wohnung kannst du schon im Vorfeld mit künstlichen Wohlfühl-Geruchsstoffen, die den katzeneigenen Düften aus den Drüsen im Kopfbereich nachempfunden sind, ausstatten. Diese sogenannten Pheromone lassen die neue Umgebung wie bereits von der Katze bewohnt und damit weniger fremd riechen. Zu Anfang sollte der Neuankömmling nur in einem Zimmer wohnen. Lass ihn in seinem eigenen Tempo aussteigen und alles erkunden und biete Futter und Spiel an – wo es lecker ist und gespielt wird, kann es nicht bedrohlich sein! Fühlt sich deine Katze sicher und wohl, vergrößere nach und nach den Raum, der ihr zur Verfügung steht. Wohnt schon eine Katze bei dir, sollte der Neuankömmling etwas Vorsprung haben, damit er zur Not auch weiß, wo er sich verstecken kann. Du kannst dann die Reviere tauschen, damit sich beide Miezen über den Geruch kennenlernen können.

> **TIPP**
> Bring deiner Katze Nützliches bei wie das **Kommen auf Zuruf**. Immer dann, wenn sie sowieso sicher zu dir kommt, rufst du ihren Namen. Übe das Kommen später ebenso in anderen Situationen. Es braucht viele Wiederholungen! Rufe nie, wenn du nicht sicher sein kannst, dass die Katze kommt.

FREUNDE
Lobe und belohne deine Katze, wenn sie sich von dir anfassen lässt.
★★★

DICKE FREUNDE FÜRS LEBEN

DANKE! Mit geschlossenen Augen genießt sie die Streicheleinheiten am Kinn.

TOLL

VOM KÖRPERLICHEN MITEINANDER
HALLO KITTY!

Du weißt schon, dass deine Katze mit überaus empfindlichen Haaren am Körper übersät ist, durch die sich Streicheln für sie sehr intensiv anfühlt. Manche Katzen sind sogar schon durch leichtes Streicheln überreizt und reagieren ärgerlich. Finde heraus, was deine Katze mag!

♥ Beim ersten Kennenlernen kannst du – blinzelnd – deine Hand einfach so hinhalten, dass die Katze daran schnuppern kann. GUTEN TAG! sagen du oder deine Freunde am besten auch später mit dem ausgestreckten Zeigefinger, das ahmt den Nase-Nase-Kontakt nach, mit dem sich Katzen untereinander begrüßen – nur dass dein Finger selbst nicht riechen kann.

BITTE HIER ANFASSEN!
Katzen berühren sich untereinander durch Belecken im Bereich des Kopfes und Halses. Sie reiben auch ihren Kopf vom Kinn über die seitlichen Maulwinkel bis zu den Ohren und unter Umständen auch ihren Körper an anderen Katzen. So findet ein Austausch von Gerüchen statt und es entsteht ein Gruppengeruch – die Katzen gehören zusammen. Auch von dir erwartet deine Katze, dass du sie an den dafür vorgesehenen Stellen berührst.

DIE KATZE KOMMT VON SELBST, UM ZU SCHMUSEN
Kennt dich deine Katze bereits besser, so zeigt sie dir, dass sie auch mit ihrem Körper kuscheln möchte. Sie springt dann eventuell auf deinen Schoß, legt sich auf deine Beine oder dreht dir ihren Bauch zu. Genieße die Nähe! Beobachte deine Katze aber genau, ob sie tatsächlich gestreichelt werden oder nur bei dir liegen möchte. Fängt ihr Schwanz nämlich an zu zucken oder schließt sie nicht mehr entspannt die Augen, probiere lieber noch mal die Kraulzonen am Kopf oder versuche einfach die Wärme deines Haustigers zu genießen, statt zu streicheln. Nicht immer, wenn deine Katze kommt, will sie auch kuscheln. Oft ist ein Reiben für sie die einzige Möglichkeit, dir mitzuteilen, dass jetzt ein Spielchen etwas ganz Feines wäre.

SO EIN PECH!
Katzen kommen gern zu Menschen, die sie nicht bedrängen, anstarren, streicheln, also zu denen, die sie unter Umständen gar nicht mögen, Angst vor ihnen haben oder allergisch sind.

Hochheben und tragen kannst du deine Katze, indem du mit einer Hand ihre Brust, mit der anderen ihren Popo stützt. Katzen mögen es auch, sich anlehnen zu können, und tolerieren oft auch ein Hochheben in Form einer Umarmung des Körpers.

DICKE FREUNDE FÜRS LEBEN

GUTE LAUNE – SCHLECHTE LAUNE

Deine Katze zeigt über ihren Gesichtsausdruck und ihre Körpersprache, was sie fühlt, und spricht mithilfe von Lautäußerungen. Wenn du etwas über ihre Gefühlsregungen erfahren willst, musst du sie genau beobachten – diese wechseln nämlich sehr schnell.

LIKE!
Reiben und hochgestellter Schwanz mit kleinem Bogen zeigen, dass sie es mag!
★★★

💙 Deine Katze ist freundlich, aufgeschlossen und kontaktfreudig, wenn sie die Ohren nach vorn stellt mit einem offenem Gesichtsausdruck, dich mit hochgestelltem Schwanz mit kleinem Fragezeichen am Ende begrüßt, sich mit Kopf und Körper an dir reibt, sich von selbst aktiv annähert, auf deinen Schoß springt, ein Spielzeug bringt, dich anmiaut oder BRUP? gurrt, was so viel wie NA? bedeutet.

Tritt dich dein Kätzchen mit halb geschlossenen Augen, entspannt seitlich liegend, abwechselnd mit beiden Vorderpfoten, so fühlt es sich wohl: Mit dem sogenannten Milchtritt möchte es bei der Mutter die Milchproduktion anregen. Manche Katzen behalten ihre kindlichen Verhaltensweisen uns Menschen gegenüber ein Leben lang bei.

Jeder hat aber auch mal schlechte Laune und möchte allein sein. Wenn deine Katze nicht in Stimmung für Kontakt ist, geht ihr Schwanz eventuell nicht wie sonst zur freundlichen Begrüßung nach oben, stattdessen zuckt er leicht genervt an der Spitze, die Katze läuft weg oder springt aus deinem Arm. Wenn du sie streichelst, weicht sie deiner Hand aus, indem ihr Rücken nachgibt – oder sie versteckt sich einfach. Hat deine Katze öfter schlechte Laune, sollte sie der Tierarzt sicherheitshalber untersuchen, denn vielleicht tut ihr etwas weh.

BITTE NICHT STÖREN!
Ruhe möchte deine Katze grundsätzlich auch haben, wenn sie schläft oder sich putzt. Vermisst du sie sehr, kannst du eine Beute bewegen, anstatt sie anzufassen. Wenn sie trotzdem mitspielt – Bingo!

Da Jagen und das Jagdspiel für Katzen das Größte ist, ist dieses Angebot deinerseits immer sehr verführerisch und allzeit angebracht.

♥ DICKE FREUNDE FÜRS LEBEN

ALARMSTUFE ROT!

Schlimmer noch als nur schlechte Laune! – Wenn deine Katze mal ängstlich oder aggressiv ist, kann es für dich oder andere sogar gefährlich werden.

♥ Manchmal hat deine Katze sogar Stress und Angst, zum Beispiel bei einem Tierarztbesuch oder wenn neue Freunde von dir zu Besuch kommen. Ist deine Katze ängstlich angespannt, macht sie sich klein, klappt ihre Ohren abwehrbereit hinunter und bekommt größere Pupillen – je flacher Körper und Ohren sind, desto gestresster ist sie! Lasst sie erst einmal in Ruhe. Vielleicht steigt sie nach einer gewissen Zeit auf ein Spielangebot deines Freundes ein? Du oder deine Freunde können ihr dann auch ein Leckerchen anbieten.

Katzen können sich aber auch viel größer machen, als sie sind, zum Beispiel anderen Katzen gegenüber. Sie krümmen ihren Körper zu einem Buckel und sträuben ihre Körperhaare. So hat ihr Gegenüber eventuell mehr Respekt und verschwindet möglichst, ohne dass es zu einem Kampf kommt.

Wenn ein Bluff oder Verstecken nicht helfen und sich deine Katze noch stärker bedroht fühlt, kann sie auch deutlich aggressiver werden. In höchster Abwehrbereitschaft faucht sie, ihre Ohren sind komplett seitlich angelegt, sodass man diese kaum noch sieht, ihr ganzer Schwanz zuckt oder peitscht in Erregung, ihr Fell ist komplett oder in Teilen gesträubt und sie beißt oder kratzt.

TIPP Eine Katze, deren Schwanz ein umgedrehtes U ist, ist in Angriffsstimmung und sehr gefährlich. Du solltest sie unbedingt in Ruhe lassen, bis sie sich beruhigt hat.

DICKE FREUNDE FÜRS LEBEN

MISSVERSTÄNDNISSE MIT MENSCH UND HUND

Manchmal reden Katzen und Lebewesen anderer Arten aneinander vorbei. Kein Wunder, sprechen sie doch grundsätzlich verschiedene Sprachen und müssen die jeweils andere erst einmal erlernen.

MEHRDEUTIGE SIGNALE

Deine Katze schnurrt dich freundlich an, was eine sehr beruhigende Wirkung hat. Schnurren heißt aber nicht unbedingt, dass sich deine Katze wohlfühlt. Sie bezweckt damit, Pflegeverhalten auszulösen – die Katzenmama soll sich kümmern. Das kann aber im Ausnahmefall auch bedeuten, dass deine Katze sehr krank ist, sich schlecht fühlt und Hilfe braucht!

Wenn deine Katze auf dem Rücken liegt und dir ihren Bauch entgegenstreckt, bedeutet das nicht immer, dass du sie dort auch streicheln darfst. Du wirst allerdings recht schnell herausfinden, ob sie ein Exemplar ist, der ihr Bauch heilig ist oder ob sie ein vorsichtiges Streicheln genießen kann. Das Bäuchlein präsentieren heißt im Zweifelsfall nämlich nur, dass man sich gerade richtig wohlfühlt – und zwar so wie es ist, ohne Anfassen.

NERVENSÄGE KATZE

Wenn die Katze dein Spielzeug benutzt, dann spielt, wenn du schlafen willst oder dein Essen ableckt – ist ihr oft einfach nur langweilig. Manchmal hat sie auch Hunger. Im schlechtesten Fall ist sie sogar krank.

Die Lösung ist oft einfach, und mit Spiel und Activity feeding zur rechten Zeit kannst du deine Katze bei Laune halten. Reicht das nicht, solltest du deine Tierärztin um Rat fragen.

Manchmal wirkt es, als würde deine Katze nie lernen, was du von ihr möchtest! Das kann daran liegen, dass du ihr eine angeborene Verhaltensweise – wie auf erhöhte Sitzplätze zu springen – abgewöhnen möchtest. Grundsätzlich stimmt das Vorurteil, Katzen könne man nicht erziehen, nämlich gar nicht. Deine Katze möchte zum Beispiel gern mit dir Clickertraining machen. Sie ist ja auch mindestens so schlau wie ein Hund!

HUND-KATZE-ÜBERSETZER

Das gleiche Verhalten bedeutet beim Hund etwas völlig anderes als bei deiner Katze.

	DER HUND	DIE KATZE
SCHWANZWEDELN	ist erregt, zumeist freundlich	ist dann bereits ärgerlich
PFOTE HEBEN	will spielen und Aufmerksamkeit oder beschwichtigt	ist bereits in Verteidigungshaltung und könnte den Hund gleich schlagen
HINTERHERLAUFEN	macht ein Rennspiel	weiß, dass sie mit Weglaufen einen Angriff auslöst, und vermeidet es daher. Läuft die Katze weg, will sie ihre Ruhe haben
SCHNUPPERN	ist oft ungestüm	fühlt sich leicht bedrängt

Spiel, Spaß und Spannung

- **58** Mauseglück – Warum und womit die Katze spielt
- **60** Bewegen wie ein Vogel! – Die Beute imitieren
- **62** Mäuschen, sag mal ... Piep!
- **64** Aus die Maus – Keine Lust auf Spiel?
- **66** Wenn dich deine Katze kratzt
- **68** Clickertraining – volle Konzentration
- **70** Kreative Katzen: ein Click für diese gute Idee!
- **72** Ab zum Film! – Shaping bei der Katze

🐾 SPIEL, SPASS UND SPANNUNG

MAUSEGLÜCK
WARUM UND WOMIT DIE KATZE SPIELT

Deine Katze liebt das gemeinsame Spiel. Es ist für sie, als sei die Beute, die du hin und her bewegst, eine echte Maus zum Mausen. Katzen jagen aber auch noch andere kleine Beutetiere wie Vögel, Insekten, Echsen, Schlangen oder Fische. Jede Katze hat bestimmte Vorlieben und mag unterschiedliche Beutetypen besonders gern.

🐾 Schon als Baby- und Jungkatzen üben sie das angeborene Beutefangverhalten im Spiel. Auch die Wohnungskatze ohne Freigang zeigt dieses angeborene Verhalten – kann sie es nicht ausüben, leidet sie. Damit es deiner Katze gut geht, tust du so, als gäbe es eine Beute, die sie erlegen könnte – im Spiel mit Plüschmaus und Federvogel.

Zum Spiel mit der Katze eignet sich fast alles, was entfernt wie eine natürliche Katzenbeute aussehen könnte. Ausgenommen sind selbstverständlich Finger und Hände, denn die können sonst verletzt werden. Achte auch darauf, dass die von dir eingesetzten Objekte nicht so groß sind, sonst bekommt deine Katze Angst. Katzen sind nämlich auch selbst Beutetiere, und ab einer bestimmten Größe kann ein Gegenstand eher als Gefahr wahrgenommen werden.

SUCHEN

Es kann sogar prima funktionieren, wenn du dein eigenes Spielzeug mit deiner Katze teilst: kleinere Autos mit Rückzugmotor werden zu Mäusen, Holzeisenbahnen bewegen sich von Hand oder mit Batterie, Murmelbahnen werden immer wieder neu gebaut und enthalten die begehrten bunten Glasmurmeln, Tischtennisbälle springen leise und lustig … Zu groß und daher Angst einflößend könnte dagegen ein ferngesteuertes Auto sein, ein Fußball oder sprechende Plüschtiere.

BEISPIEL FÜR GUTE SPIELZEUGE
★ Bänder und Fäden (unter Aufsicht)
★ Angeln (unter Aufsicht)
★ Kartons (Einstieg schneiden)
★ Gefüllter Karton mit Papierknäueln
★ Vogelfedern am Band
★ Filzstreifen am Band zusammengebunden
★ Papierkugeln
★ Papierflieger
★ Ball mit Glöckchen aus Stoffresten und Watte
★ Feder in Wasserschale
★ Fellmaus (mit Glöckchen im Bauch)
★ Kleines Stofftier
★ Vogel oder Maus mit Soundchip (piepst bei Berührung)

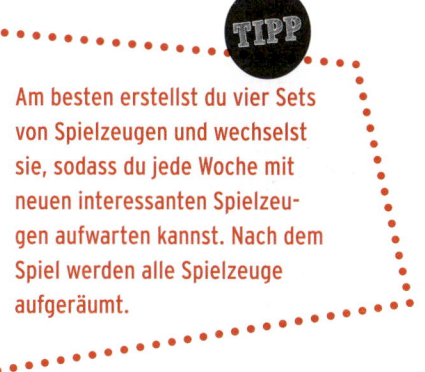

TIPP

Am besten erstellst du vier Sets von Spielzeugen und wechselst sie, sodass du jede Woche mit neuen interessanten Spielzeugen aufwarten kannst. Nach dem Spiel werden alle Spielzeuge aufgeräumt.

SPIEL, SPASS UND SPANNUNG

GO! BEUTE
Blätter an einem Ast lassen sich fast genauso gut jagen wie echte Vogelfedern.
★★★

BEWEGEN WIE EIN VOGEL!
DIE BEUTE IMITIEREN

Um die Spielzeuge für deine Katze zum Leben zu erwecken, musst du dich in die Beute hineinversetzen. Ein Objekt, hinter dem eine Katze gern herjagt, bewegt sich möglichst naturgetreu von ihr weg, also in etwa wie das nachgeahmte Vorbild.

So flattern Vögel oder Insekten wie Schmetterlinge unregelmäßig fort und können durch Federspielzeuge imitiert werden. Sie setzen sich auch ab und zu irgendwohin. Raschelnde Papierbälle können als Mäuse dienen, die sich verstecken und ruckartig bewegen: Sie machen kurze Pausen, um dann wieder wegzurennen. Fäden und Schnüre in unterschiedlicher Länge, Dicke und Beschaffenheit ahmen fadenförmige, sich schlängelnde Beuteobjekte wie Schlangen, Echsen oder Würmer nach. Manche Katzen jagen auch Fische und freuen sich über Zimmerbrunnen mit herausfischbaren Objekten. Andere lieben ihr Spielzeug deshalb glitzernd.

Bewegst du einen Faden oder eine Maus für deine Katze schnell hin und her, interessiert sie sich dafür und lauert der Beute auf. Höre kurz damit auf und beobachte deine Katze: Wartet sie darauf, bis sich die Beute wieder bewegt? Deine Katze setzt zum Sprung an, wenn sie sich sicher ist, dass sie die Beute erreichen kann. Das ist zum Beispiel der Fall, wenn eine Maus, die sich im Mauseloch versteckt hatte, sich wieder zum Eingang bewegt, um zu schauen, ob die Katze weg ist.

SPIELSZENARIO

★ Verstecke die Beute unter dem Teppichrand oder unter Papier; auch die Bettdecke ist bei Katzen oft sehr beliebt.

★ Lass die Beute in einer großen Papiertüte mit durchgeschnittenen Henkeln verschwinden; deine Katze ist ganz schnell drin und kann nicht aus Versehen hängen bleiben.

★ Spiele mit deiner Katze Werfen und Fangen (z. B. Styroporwürfel) – manche Katzen sind richtig gute Torhüter.

★ Kartonversteck: Schneide mehrere Löcher in einen Pappkarton hinein, sodass deine Katze hineinpasst und von innen wie von außen nach Spielzeugen angeln kann.

★ Hat deine Katze einen Mausdummy erbeutet, kannst du vorsichtig an diesem ziehen, als wolle die Beute entkommen – das regt die Katze zum weiteren Kampf mit ihrer Beute an und das Spiel nimmt wieder an Fahrt auf.

TIPP

Biete deiner Katze ab und zu Katzenminze an, um sie noch mehr anzuregen. Durch die Kräuter fühlt sie sich kurzzeitig sehr verspielt und wohl und rollt sich verrückt herum. Achtung, nicht alle Katzen reagieren auf Katzenminze, manche werden auch etwas aggressiv.

🐾 SPIEL, SPASS UND SPANNUNG

MÄUSCHEN, SAG MAL ... PIEP!

Wenn du mit deiner Katze spielst, erinnere dich daran, wie gut sie hören und sehen kann. Laute Geräusche könnten deine Katze erschrecken und vom Spiel ablenken. Daher ist es am besten, nur solche Geräusche zu machen, die eine Beute von sich geben würde. Auch Rennen und große Armbewegungen können deine Katze in die Flucht schlagen.

🐾 Eine Maus raschelt zum Beispiel im Laub - du kannst am Rascheltunnel reiben, am Sisal des Kratzbaums kratzen oder eine leicht zerknüllte Tageszeitung als Landschaft bauen, unter der sich eine Maus versteckt.

Die Vorliebe für leise Geräusche bedeutet, im Spiel leise und gedämpft zu reden, auch wenn du dich sehr über etwas freust oder deine Katze sehr lustig aussieht, bei dem, was sie tut.

Durch das bemerkenswerte Bewegungssehen der Katze flößen ihr schnelle Bewegungen, die wir Menschen im Spiel machen, möglicherweise Angst ein. Deine Katze freut sich, wenn du dich regelmäßig und gleichmäßig bewegst. Renne selbst nicht weg - es ist am Anfang besser, wenn du beispielsweise ein Band in normalem Gehtempo hinter dir herziehst. Wenn ihr euch besser kennt, kannst du vielleicht auch schneller und lauter spielen. Bricht deine Katze das Spiel ab oder versteckt sich, warst du zu schnell oder zu laut.

TIPP

Gut funktioniert das ein oder andere Lob, wenn deine Katze schön mitmacht. Es gilt dabei: Je alberner du in hohen Tönen leise mit ihr redest, desto besser kommt es bei ihr an. FEEEEEIIIIIIN!!!!!

FLOP
Die Katze belauert das Band – jetzt mit dem Spielen aufzuhören, wäre frustrierend.
★★★

AUS DIE MAUS – KEINE LUST AUF SPIEL?

Deine Katze macht keine Anstalten, ein Spiel zu beginnen? Sie kuschelt lieber mit dir oder hört schon nach kurzer Zeit auf, dem Band hinterherzulaufen? Gib nur nicht auf – für deine Katze bedeutet Spielen einfach alles!

🐾 Oft nähert sich die Katze mit einem Sprung auf den Schoß und Köpfchenreiben an, oder sie sitzt vor dir, streicht dir um die Beine und miaut dich an. Sie möchte so deine Aufmerksamkeit erlangen – und obwohl wir oft denken, dass sie mit uns kuscheln oder etwas fressen will, kann sie uns ihr Spielbedürfnis nicht anders mitteilen. Probiere zuerst aus, ob sie auf eine lange Paketschnur reagiert und sich auf die Lauer legt oder dir hinterherläuft. Nach getaner Arbeit könnt ihr dann umso entspannter kuscheln.

Manche Katzen sind so kreativ und beginnen selbst ein Spiel oder zeigen durch Apportieren eines Lieblingsspielzeugs, dass sie spielen möchten. Besonders junge Kätzchen sind noch sehr fantasievoll und stellen sich sogar vor, dass eine bewegungslose Beute „lebt". Einmal erwachsen, sind sie jedoch darauf angewiesen, dass sich die Beute bewegt. Ist deine Katze eine reine Wohnungskatze, übernimmst du diesen Teil. Du machst sie sehr glücklich, wenn du mit ihr jeden Tag spielst – am besten morgens und abends je eine halbe Stunde.

Eine halbe Stunde kann aber sehr lang sein, und deine Katze macht während dieser Zeit häufiger Pausen. Dies bedeutet jedoch nicht, dass sie nicht mehr mitspielen mag. Im Gegenteil, trotz ihrer Regungs- und Bewegungslosigkeit beobachtet deine Katze sehr genau, was du mit dem Spielzeug machst. Katzen sind nämlich sogenannte Lauerjäger. Sie können bis zu einer halben Stunde vor einem Mauseloch (oder hinter dem Sofa) ausharren, bis die Beute mit etwas Glück wieder hervorkommt. Die Jagd geht im Kopf der Katze noch weiter, auch wenn sie selbst nur schaut. In dem Moment das Spiel zu beenden, wäre sehr frustrierend für deine Katze.

Für uns Menschen ist es trotzdem oft schnell langweilig. Überliste dich und binde dir eine längere Schnur um ein Bein. So geht für deine Katze das Spiel weiter, wenn du dich in der Wohnung bewegst, ohne dass du extra etwas tun musst. Entfernt sie sich längere Zeit, wendet den Blick ab und eine halbe Stunde ist um, ist das Spiel beendet.

TIPP

Geht deine Katze an einen anderen Ort, heißt es möglicherweise, dass sie lieber dort spielen möchte. Manche Katzen toben gern in Betten dem Faden hinterher, andere setzen sich auf den Kratzbaum. War eine Katze einmal an einem Ort bei der Jagd erfolgreich, kommt sie zu diesem immer wieder zurück. So entstehen Lieblingsspielplätze beim Spiel.

TOP
Erst jagen, dann kuscheln – dann bleiben die Krallen auch eingefahren.
★★★

🐾 SPIEL, SPASS UND SPANNUNG

RAUFEN ERLAUBT

Der Stoffhase dient als Geschwisterersatz und kann sich nicht verletzen.

★★★

WENN DICH DEINE KATZE KRATZT

Kleine Katzen raufen spielerisch mit ihren Geschwistern, umklammern sie dabei mit den Vorderbeinen und treten mit den Hinterbeinen in schneller Abfolge auf deren Kopf oder Körper ein.

🐾 Dieses Verhalten ist ganz normal bei Kätzchen und dient dem Erlernen von Jagd- und Sozialverhalten. Manchmal möchten sie auch mit uns diese Raufspiele spielen, allerdings wissen sie noch nicht, dass Menschen kein schützendes Fell haben und uns Katzenzähne und -krallen verletzen können.

WAS DU TUN KANNST
Benutze zunächst einmal nie deine Hände zum Spiel. Gib deiner Jungkatze stattdessen eines deiner kleineren Kuscheltiere ab. Immer, wenn sie raufen möchte, kannst du ihr dieses anbieten und sanft an den Bauch drücken. Sie kann dann statt deines Armes oder deiner Hand das Stofftierchen mit den Vorderbeinen umklammern und es mit den Hinterbeinen treten. So lernt sie, dass es erlaubt ist, Stofftiere zu verprügeln, Menschenhaut jedoch nicht. Am besten hat deine kleine Katze jedoch ein Geschwisterchen oder einen gleichaltrigen Katzenkumpel, damit sie sich gegenseitig beibringen können, wie stark man zubeißen darf und wann man aufhören muss.

HEILE FINGER
Pass beim Spiel auf, dass das Ende des Spielzeugs immer weit genug von deinen Händen entfernt ist - deine Katze könnte im Eifer des Gefechts und völlig unbeabsichtigt statt der Beute dich treffen.

ERSTE HILFE IM FALL DER FÄLLE
Betupfe oberflächliche Kratzer mit Jodlösung. Tiefere Bisse badest du darin und stellst sie anschließend sofort einem Arzt vor. Spätestens bei Schwellung und Rötung der Verletzung besteht die Gefahr einer Blutvergiftung durch Bakterien.

> Vermeide grundsätzlich Situationen, die gefährlich werden können, und spiele mit deiner Katze nur so lange, wie sie entspannt bleibt.

🐾 SPIEL, SPASS UND SPANNUNG

CLICKERTRAINING
VOLLE KONZENTRATION!

Beim Clickertraining geht es darum, dass du zusammen mit deiner Katze eine spannende und spaßige Zeit hast. Du benötigst nur etwas Geduld, vorbereitete Leckerchen und einen Clicker, der ein Geräusch wie ein Knackfrosch machen kann.

TOUCH
Die Katzennase will zum Zeigestab. Berühren, CLICK und Leckerchen.
★★★

CLICK = LECKERLI

 In wenigen kurzen Trainingseinheiten am Tag kann sich deine Katze geistig und körperlich ihr Futter erarbeiten, fast wie beim Mäusefangen. Als Futterbelohnung verwendest du ganz kleine, ca. 3 x 3 x 3 mm große Stückchen von Lieblingsleckerbissen. Manche Katzen lieben weiche Kaustangen, die man gut zerteilen kann; aber auch für Menschen gemachte Kaviar- oder Lachscreme aus der Supermarktkühltheke gehen gut. Andere Katzen würden für Shrimps, Käse oder Malzpastetropfen alles tun – probiere es aus!

Beim Clickertraining teilst du deiner Katze mit einem Clicksignal mit, dass das, was sie im Moment des Clicks tut, richtig und erwünscht ist. Damit sie das versteht, muss sie direkt und ganz unmittelbar im Anschluss an jedes Clicken eine Futterbelohnung bekommen. Übe jetzt ein paarmal Click und gib sofort im Anschluss Futter, bis dich deine Katze erwartungsvoll anschaut. Sie weiß dann, dass der Click etwas Gutes ankündigt. In den eigentlichen Übungseinheiten wird sie nun ganz sicher merken, dass sich das angeklickte Verhalten für sie lohnt, und es in Zukunft häufiger zeigen. Unter Umständen reicht übrigens auch das Schnalzen mit der Zunge als Clicksignal, sofern du es im Alltag sonst nicht einsetzt!

Und nun los: Du kannst Clickertraining zum Beispiel nutzen, um deine Katze über einen Parcours zu lotsen. Dafür bringst du ihr bei, den Ball eines Zeigestabs oder deinen Finger, den du ihr vor das Gesicht hältst, von selbst mit der Nase zu berühren. Wenn sie neugierig schnuppert: Click und sofort Belohnung! Du wiederholst diese Aktion, bis sie versteht, was sie tun soll – dies geht sehr schnell, viele Katzen benötigen nur wenige Wiederholungen der gleichen Übung, sodass du vermutlich beim dritten oder vierten Mal den Stab bereits etwas von ihr entfernt hinhalten kannst.

Du belohnst sie auch für die Berührung aus Entfernung mit Click und steigerst dies, bis sie dir mit dem Stab überallhin folgt. Sollte es mal zu schnell gehen für deine Katze, gehst du einfach einen Schritt zurück und fängst dort noch einmal an.

🐾 SPIEL, SPASS UND SPANNUNG

KREATIVE KATZEN
EIN CLICK FÜR DIESE GUTE IDEE!

Noch spannender aber ist es, wenn du deine Katze mithilfe des Clickertrainings zum Denken anregst und ihr zunächst keine besondere Aufgabe vorgibst.

🐾 Beim sogenannten Kreativitätstraining clickst und belohnst du, wenn sie irgendetwas Neues macht, also sich selbst etwas ausdenkt. Das macht euch beiden riesigen Spaß!

WIE FUNKTIONIERT KREATIVITÄTSTRAINING?

Belohne deine Katze jedes Mal mit einem Click und Leckerchen, wenn sie ein neues, interessantes Verhalten zeigt. Sie rollt sich halb auf dem Boden: Click und Leckerchen! Sie kommt zu dir und reibt sich: Click und Leckerchen! Fragt sie sich langsam, was das soll und was sie tun muss, damit du clickst, und probiert etwas Neues aus? Was auch immer es ist: Click und Leckerchen! Je mehr verschiedene Verhaltensweisen du zu Beginn clickst, desto ideenreicher wird deine Katze mitarbeiten. So passiert es, dass sie sich die lustigsten Dinge ausdenkt, um von dir eine Belohnung zu erhalten. Am Ende denkt sie, dass sie in Wirklichkeit dich trainiert.

Irgendetwas Neues kann deine Katze auch gut mit einem Gegenstand, z. B. einem Pappkarton, machen. Du clickst nur dann, wenn sie etwas zeigt, was sie vorher noch nie gemacht hat. Sie schnuppert daran, setzt eine Pfote darauf, dann die andere oder klettert ganz hinauf, legt sich hinein, beißt hinein, reibt den Kopf daran – hier sind der Fantasie deiner Katze keine Grenzen gesetzt. Für jede neue Idee gibt es eine Belohnung in Form von Click und Leckerchen!

> Du kannst auch mit Bällen, Stofftieren oder Spielzeugautos die Fantasie deiner Katze anregen. Alles, was ungefährlich ist und nicht kaputt gehen kann, ist beim Training erlaubt.

SEITE **70-71**

NEU
Das Kätzchen erkundet mutig den unbekannten Tunnel.

CLICK

SPIEL, SPASS UND SPANNUNG

AB ZUM FILM!
SHAPING BEI DER KATZE

Statt die Katze für ein einzelnes spontanes Verhalten zu belohnen, kannst du auch eine Handlung allmählich auf ein von dir bestimmtes Ziel hin formen. Dieses Vorgehen nennt man im Tiertraining auch Shaping.

Zunächst überlegst du dir als Ziel eine Handlung, die deine Katze nicht von allein durchgeführt hätte. Dann überlegst du, in welchen Schritten ihr dieses Ziel erreichen könnt. Der erste Schritt sollte eine der bereits angebotenen Handlungen deiner Katze sein, diese bestärkst du mit Click und Leckerchen. Wird sie zuverlässig gezeigt, belohnst du nicht mehr - deine Katze muss sich etwas Neues ausdenken und wird dabei ihr Verhalten wahrscheinlich ein wenig verändern. Geht es in die gewünschte Richtung, kannst du wieder belohnen.

EIN BEISPIEL: AUF EINEM HANDTUCH SITZEN

Du legst deiner Katze ein Handtuch auf den Boden. Deine Katze guckt zu diesem hin: Click und Leckerchen. Wiederholt sie das Hingucken mehrmals zuverlässig, clickst du nicht mehr dafür. Das wird sie vermutlich etwas frustrieren und sie wird es wieder probieren. Tut sie es mit ein wenig mehr Schwung oder macht gar einen Schritt darauf zu, gibt es wieder Click und Leckerchen. Jedes Mal zeigt deine Katze etwas mehr Verhalten in die gewünschte Richtung und versteht oft schon innerhalb von ein paar Minuten, dass sie sich aufs Handtuch setzen soll. Nach einigen Erfolgen zögerst du den Click immer länger hinaus, um das Sitzen an sich zu belohnen – bis deine Katze verstanden hat, dass sie auf dem Handtuch sitzen bleiben soll.

TIPP

Belohne die Katze immer auch für Verhaltensweisen, die nur einen Schritt in die richtige Richtung des erwünschten Verhaltens darstellen. Verhalten, das zukünftig nicht häufiger gezeigt werden soll, ignorierst du einfach.

HIGH FIVE!
Deine Katze tatzt CLICK
Leg deine Hand drunter CLICK
Heb die Hand höher CLICK
★★★

Welches Verhalten du auch **SHAPEN** möchtest - trainiere immer nur ein Kriterium zur Zeit. In unserem Beispiel muss zuerst das Hinsetzen, danach das Sitzenbleiben trainiert werden. Soll sich deine Katze bei der Übung auch noch schnell hinsetzen, wäre dies ein neuer Trainingsschritt.

Du kannst als Ausgangspunkt jede Handlung deiner Katze auswählen und verstärken, die sie von selbst anbietet und die Katzen natürlicherweise sowieso ausführen können, also zum Beispiel Durchschlängeln, Balancieren, an einem bestimmten Ort Sitzen, Springen von einem Platz zum anderen, ein Spielzeug aufnehmen und bringen, eine Rolle machen, in eine Schüssel klettern ... Mit dem Clickertraining kannst du deiner Katze auch beibringen, von selbst in ihren Transportkorb zu steigen.

> Deine Katze wird dich durch Clickertraining noch toller finden und sich noch stärker an dich binden. Wenn du tiefer in die Welt des Clickerns einsteigen möchtest, schau dir im Anhang die Literaturempfehlungen an.

Zum Weiterlesen

BUROW, INKA Das große Handbuch Clickertraining.
- Positive Bestärkung – erklärt von A bis Z. Cadmos 2014

GRIMM, HANNELORE Kätzchen.
- Halten, pflegen, beschäftigen. Kosmos 2013

LASER, BIRGIT Clickertraining – mehr als Spaß für Katzen.
- Birgit Laser Verlag 2013

LASER, BIRGIT Clickertraining – mehr als Spaß für Katzen.
- DVD und Begleitheft. Drehpunkt-Verlag 2010
- Spieldauer ca. 120 Minuten. Zu beziehen über www.tierverhaltenstherapie-shop.de

RAUTH-WIDMANN, BRIGITTE Was denkt meine Katze?
- Katzenverhalten auf einen Blick. Kosmos 2012

RAUTH-WIDMANN, BRIGITTE Katzensprache.
- Mimik Laute, Körpersprache. Kosmos 2014

SCHROLL, SABINE Miez, Miez – na komm!
- Book on Demand.

SCHROLL, SABINE Aller guten Katzen sind…?
- Book on Demand.

SEIDL, DENISE Spiel und Spaß für Katzen.
- Kosmos 2010

VON STOCKFLETH, BETTINA Katzenkinder.
- Kosmos 2013

Zum Weiterclicken

yeah

HAUSTIERREGISTER

Hier kannst du deine Katze registrieren, damit sie gefunden wird, falls sie mal verloren geht:
- www.tasso.net Tasso e. V.
- www.registrier-dein-tier.de Deutsches Haustierregister

RUND UMS VERHALTEN UND KATZENTRAINING

Wenn du mehr übers Clickern erfahren möchtest oder Lust auf witzige Fummelbretter hast:
- www.lasercats.de Birgit Lasers Seite zum Katzenclickern
- katzentraining.wordpress.com Katzenclickerblog
- www.katzenfummelbrett.ch Helena Dbalý - Seite mit vielen Fummelbrettbastelanleitungen
- www.tierverhaltenstherapie-shop.de Auswahl guter Katzenspielzeuge

GIFTIGE PFLANZEN

Auf diesen Seiten wird beschrieben, welches Grünzeug für Katzen unverträglich ist:
- www.katzenfreund.com/giftpflanzen.htm
- www.kleintierklinik-breitensee.at/resources/Giftpflanzenliste.pdf
- www.vetpharm.uzh.ch/perldocs/index_x.htm

TIERSCHUTZ

Wenn du einer Katze ein schönes Zuhause schenken möchtest:
- www.tierheim-liste.de Tierheime
- www.tierschutzbund.de Deutscher Tierschutzbund e. V. Bonn
- www.tierschutz-tvt.de Tierärztliche Vereinigung für Tierschutz (TVT)

TIERÄRZTE

Am besten informierst du dich vorher, welche Tierärzte sich in deiner Nähe auf Katzen bzw. auf Katzenverhaltenstherapie spezialisiert haben. In den Gelben Seiten wirst du fündig oder bei
- www.gtvmt.de Gesellschaft für Tierverhaltensmedizin und -therapie (GTVMT)
- www.vetline.de

RASSEKATZEN

Du möchtest eine bestimmte Rasse? Die Zuchtverbände helfen dir, einen Züchter zu finden:
- www.dekzv.de 1. Deutscher Edelkatzen Züchterverband DEKZ e. V.
- www.deutsche-edelkatze.de Deutsche Edelkatze e. V.

ANDREA BÖTTJER

Die Autorin Dr. Andrea Böttjer lebt mit drei Katzen und einem Kind in Hannover und arbeitet dort als Kleintierärztin und Verhaltensmedizinerin für Katzen. www.katzenverhalten.de

REGISTER

Abessinier 22
Activity feeder 35
Activity feeding 54
Aggression 52
Agility-Training 69
Anfassen 47
Angriffsstimmung 52
Angst 52
Ängstlich-scheue Katze 19
Anschaffungskosten 20
Aufmerksamkeit erlangen 65
Augen 6
Augenkontakt 19
Ausruhen 8
Aussichtsplätze 28
Auswahl 18 f.

Balkone sichern 33
Bäuchlein präsentieren 54
Beschäftigung 54
Beute 58
Beute imitieren 60 f.
Beutefangverhalten 58
Bewegungssehen 62
Birmakatze 22
Blinde Katzen 15
Bürsten 41

Chemikalien 33
Clickertraining 54, 68 f.

Dämmerungssehen 13
Domestikation 10
Doppelhaltung 25
Dösen 8
Drahtbürste 41

Einzeljäger 6
Einzug 47
Ernährung 34 ff.
Erste Hilfe 67
Erwünschtes Verhalten 72
Erziehung 46 f.
Europäische Wildkatze 11

Falbkatze 11
Federspielzeuge 61
Fellpflege 8, 40 f.
Fenster sichern 33
Feuchtfutter 35
Flehmen 17
Fleischfresser 35
Flöhe 41
Flohkamm 41
Fummelbretter 35
Furminator 41
Futter 34 ff.
Futter-Angel-Gerät 35
Futterbelohnung 69
Futterstellen 28

Gefahren 33
Geräusche 14, 62
Gerüche 8, 16
Geruchssinn 16
Geruchstoffe, künstliche 47
Geschmackssinn 17
Gesichtsausdrücke 50 ff.
Gesichtssinn 13
Gesundheitscheck 21
Giftige Nahrungsmittel 37
Giftpflanzen 33
Gleichgewichtssinn 6, 14
Grasfressen 37
Gruppengeruch 49

Halblanghaarrassen 22
Harngrieß/Harnsteine 37
Harnmarkieren 23
Hauskatze 6
Herkunft 20 f.
Hochheben 49
Hören 14
Hund-Katze-Übersetzer 55

Ignorieren 72
Initiativ-freundliche Katze 19

Jacobsonsches Organ 17
Jagdverhalten erlernen 67
Jagen 58 f.

Kälteempfinden 15
Kämmen 41
Kartäuser 22
Kastration 19, 25, 45
Kater 19
Kater und Kätzin 25
Katzenaugen 13

Katzenbeute 58
Katzenbuckel 52
Katzengras 37
Katzenklo 28, 30 f.
Katzenkörper 6 f.
Katzenminze 61
Katzenmutter 19
Katzennetz 33
Katzenpaste 38
Katzenrassen 6, 22 f.
Katzenstreu 31
Katzentoiletten 28, 30 f.
Katzentypen 19
Kätzinnen 19
Kennenlernen 49
Kinderstube 20 f.
Klassische Konditionierung 38, 47
Klettergelegenheiten 28
Kommunikation 16, 28 f.
Kontaktaufnahme 19
Körpersprache 50 ff.
Krallen 6
Krankheitszeichen 21
Kratzbaum 29
Kratzen 67
Kratzmarkieren 28 f.
Kratzplätze 29
Kraulzonen 49
Kreativitätstraining 70
Kurzhaarrassen 22
....
Landraubtier 6
Langeweile 54
Langhaarkatzen 22
Lauerjäger 65
Lautäußerungen 50 ff.
Lebensabschnitte der Katze 44 f.
Lebenserwartung 44

Leckerchen 38
Liegeplätze 28
....
Maine Coon 22
Markieren 8 f.
Massagebürste 41
Medikamente 33
Mehrkatzenhaushalt 25
Milchtritt 51
Missverständnisse 54
Munchkin 23
....
Nubische Falbkatze 10
....
Ohren 14
....
Perserkatzen 22 f.
Pflegeverhalten 54
Pfoten 6, 15
Pheromone 47
Putzmittel 33
....
Ragdoll 22
Rassekatze 20 f.
Raufspiele 67
Riechen 16
Ruheplätze 28
....
Säugetier 6
Schlafen 8
Schlechte Laune 51
Schnurren 54
Schnurrhaare 13
Scottish Fold 23
Sehen 13
Shaping 72 f.
Siamkatzen 22 f.
Sinne 13 ff.

Sinneszellen 16
Sinushaare 13
Soziale Fähigkeiten 21
Sozialpartner 8
Sozialverhalten erlernen 67
Spiel 54, 58 ff.
Spielzeuge 59
Stress 52
Streu 31
....
Tastsinn 13, 15
Taube Katzen 15
Tierheim 21
Tierschutz 21
Tötungsbiss 13
Tragen 49
Transportbox 38 f.
Trauer 25
Trockenfutter 35
....
Verhalten belohnen 72
Verhalten ignorieren 72
Vorbereitungen 28 f.
....
Waldwildkatze 11
Wärmeempfinden 15
Wasserquellen 28, 37
Wildkatze 10
....
Zähne 6
Zeigestab 69
Zimmerbrunnen 37
Zimmerpflanzen 33
Züchter 20
Zunge 6, 17
Zurückhaltend-freundliche Katze 19
Zwei Katzen 25

BILDNACHWEIS + IMPRESSUM

BILDNACHWEIS
33 Farbfotos wurden von Annett Mirsberger/Kosmos für dieses Buch aufgenommen. Weitere Farbfotos von Andrea Böttjer (4; S. 31 alle 3, 35), Helena Dbalý/www.katzenfummelbrett.ch (1; S. 34 l.), Oliver Giel (2; S. 26, 47), Juniors Bildarchiv (1; S. 11), Firma Kong (1; S. 40 l.), Gabriele Metz/Kosmos (1; S. 29 l.), Christine Olma/Olma Fotodesign (1; S. 34 l.), Heike Schmidt-Röger S. 7, 8), Heike Schmidt-Röger/Kosmos (3; S. 21, 55 o., 63), Sandra Schürmans/Kosmos (10; S. 28, 29 r., 36, 44, 46 r., 66, 72, 73 alle 3), Tierfotoarchiv-Drewka (1; S. 52), Tierfotoarchiv-Drewka/Kosmos (13; S. 4, 18, 19, 24, 25, 32, 37 r., 40, 42, 46 l., 71, 74, 76).

IMPRESSUM
Umschlaggestaltung von **eyecon brand design** unter Verwendung eines Farbfotos von **shutterstock** © **Ermolaev Alexander** (Umschlagvorderseite), eines Farbfotos von **Oliver Giel** (Außenklappe), eines Farbfotos von **Sandra Schürmans** (Innenklappe unten links) sowie zwei Farbfotos von **Annett Mirsberger**.

HAFTUNGSAUSSCHLUSS
Alle Angaben in diesem Buch erfolgen nach bestem Wissen und Gewissen. Sorgfalt bei der Umsetzung ist indes dennoch geboten. Der Verlag und die Autorin übernehmen keinerlei Haftung für Personen-, Sach- oder Vermögensschäden, die aus der Anwendung der vorgestellten Materialien und Methoden entstehen könnten. Auch wenn sich dieses Buch direkt an die Kinder wendet, sind die Erziehungsberechtigten ihrer Aufsichtspflicht nicht enthoben.

Unser gesamtes lieferbares Programm und viele weitere Informationen zu unseren Büchern, Spielen, Experimentierkästen, DVDs, Autoren und Aktivitäten finden Sie unter **kosmos.de**

Gedruckt auf chlorfrei gebleichtem Papier

© 2014, Franckh-Kosmos Verlags-GmbH & Co. KG, Stuttgart.
Alle Rechte vorbehalten
ISBN 978-3-440-13525-9
REDAKTION Alice Rieger
GESTALTUNGSKONZEPT eyecon brand design, Bielefeld
GESTALTUNG UND SATZ eyecon brand design, Bielefeld
PRODUKTION Eva Schmidt
Printed in Germany / Imprimé en Allemagne